選択理論でアクティブラーニング

道徳・総合・学活で使える
「人間関係づくり」ワークシート & 指導案

柿谷正期／監修
伊藤昭彦・小島淳子／編著

ほんの森出版

刊行によせて

柿谷　正期
日本選択理論心理学会会長

　教師は世界で一番難しい仕事をしていると言われます。なぜなら、教師は教えるだけではなく、生活指導や部活動指導、また保護者対応等々、およそ「教育」と名のつくあらゆることを担わされ、常に成果を上げることが期待されているからです。しかも望まれている「成果物」は世界に役立つ子どもです。

　それだけではありません。会社組織に例えれば、職場ではマネジメントの対象である社員は給料をもらいます。しかし、学校では、社員に匹敵する子どもは給料をもらいません。子どもは社員でもあり成果物でもあるのです。そして、子どもと保護者は顧客でもあるという複雑な関係です。こんな大変な組織は学校だけでしょう。

　問題が起こったときの普通の対処の仕方は、問題を起こした人を矯正することです。教師と子どもの関係でも、夫婦でも親子でも上司と部下の関係でも、普通の解決策は相手を変えようとすることです。脅して、罰を与えて、時に相手が変わることがあります。そこで、この考えに問題があるとは考えないのです。

　しかし、このような従来の考え方に問題があることに気づいた人たちは、新しい理論を模索しました。精神科医ウイリアム・グラッサーはこの新しい考え方を「選択理論」として世に提唱したのです。

　選択理論は世界に広がり、人間関係にかかわる領域で使われてきました。ビジネス、司法矯正、カウンセリング、教育等。学校で導入されて、クオリティ・スクールが誕生しています。そこでは上質の追求がなされ、学校は喜びに満ち、成績は向上し、問題行動は影を潜めました。

　人間関係を良好にする術を持つ人こそが幸せになれるのです。

　神奈川県立相模向陽館高校の教師たちは、どうにかしてこの考え方と対処の仕方を子どもたちに学んでほしいと願い実践してきました。その取り組みが、本書で紹介する「すこやか」、アクティブラーニングによる授業です。

　ある卒業生は「すこやか」の取り組みを機に、「自分の高校生活を充実させる方向に舵取りができた」と言っています。

　「教育とは本来暴力的なものだ」と言う人がいます。そこまで言わなくても教育界は外的コントロールに満ちています。そういう中で選択理論的対応をすることは容易ではありません。

　本書は、選択理論を学んだ教師が子どもに合わせてアクティビティに落とし込み、実践の中で試行錯誤し改良を積み重ねた結果です。本書を使えば、選択理論を身につける速度は加速するでしょう。

　ぜひ参考にしてさまざまな学校場面にお役立てください。

はじめに

「学校は子ども、教員、保護者にとって欲求充足の場である」

この文章を見たとき、皆さんはどんなことを思い浮かべますか？

「学校というところは、きまりや規律を守らなければいけないし、勉強もしなければいけない。学校は、子どもにとって必ずしもやりたいことをできる場ではない」と考える方も多いのではないでしょうか。

この考えによれば、学校は子どもにとってはつらくつまらない場所ということになります。また、もしも子どもが勉強もせず、言うことも聞かず、やりたい放題を行えば、教員や保護者にとっては欲求充足が阻害されることになります。

だとするならば、「子ども、教員、保護者の欲求充足が阻害される場」が、現在の学校と言えるのかもしれません。

しかし、もしも学校が「子ども、教員、保護者の欲求が充足できる場」になることができたならば、いじめや体罰、不登校、また校則違反といった問題や勉強ぎらいの子どもは減り、学校は、活力に満ちた場として生まれ変わることができるのではないでしょうか。

では、「欲求」とは、そもそもどういうものなのでしょうか。そしてそれを満たすには、どうしたらよいのでしょうか。

本書『選択理論でアクティブラーニング―道徳・総合・学活で使える「人間関係づくり」ワークシート＆指導案』は、この点にスポットを当て、選択理論心理学のエッセンスをベースに、アクティブラーニングの手法により、そのまま授業等で使える12の学習プログラムを収録したものです。

「総合的な学習の時間」は、「変化の激しい社会に対応して、自ら課題を見付け、自ら学び、自ら考え、主体的に判断し、よりよく問題を解決する資質や能力を育てること」などをねらいとしています。

また、「特別な教科」となる「道徳」では、「自己を見つめ、物事を多面的・多角的に考え、自己の生き方についての考えを深める学習を通して、道徳的な判断力、心情、実践意欲と態度を育てる」、いわゆる「考える道徳」が志向されています。

こうした流れを受け、本書では「授業」という枠組みを通して、「自分自身を知り、自分と他者とのかかわりを通して他者を理解し、自分と他者との関係性を築きながら、より良く生きるための力を育てるための学習方法」を提示しています。

本書では、教員による一方向的な講義形式の授業とは異なり、学習者の能動的な学習への参加を取り入れた教授・学習法であるアクティブラーニングによる授業の組み立てを意識的に採用しました。教員たちには今、これまでの教授法の抜本的な見直しが迫られているからです。

大作曲家ベートーヴェンが若く才能あふれるシューベルトに出した手紙に、次のようなくだりがあるそうです。

「何かを終わらせるのが大変なら、終わらせることに時間を費やすべきではない。何か新しいことを始めなさい。2年後には古いものは自然と消えているはずだ」

*

本書を手にされた方が、イメージを豊かに膨らませて、まずは「やってみよう！」との思いを抱き、そして考え、実践していただけることを期待してやみません。

伊藤昭彦

選択理論でアクティブラーニング
道徳・総合・学活で使える「人間関係づくり」ワークシート＆指導案　contents

刊行によせて　柿谷正期 … 2

はじめに　伊藤昭彦 … 3

やってみよう！ 選択理論でアクティブラーニング … 6

選択理論とアクティブラーニング … 8

本書を活用していただくにあたって … 9

振り返りシート … 11

第1章　選択理論ことはじめ … 13

第2章　チームビルディング　アクティビティ集 … 21

第3章　自他の違いを知る … 31
1 お互いを知ろう―年度始めの出会いを大切に … 32
2 自分を知ろう―自己肯定感を高めるには … 42
3 感じ方って、人それぞれ―違いを知ってトラブル回避 … 48

第4章　自己を見つめる … 55
1 人はいかに行動するか（その1）―5つの「基本的欲求」を知ろう … 56
2 人はいかに行動するか（その2）―「基本的欲求」を満たすために … 66
3 「心の宝箱」をイメージしよう―大切にしたい自分と相手の願望（上質世界） … 72
4 知って得するセルフ・コントロール―嫌な気分への対処法 … 82

第5章　より良く生きる … 89

1. 人間関係を良くする秘訣（その１）―7つの身につけたい習慣 … 90
2. 人間関係を良くする秘訣（その２）
　―自分のトリセツ（取り扱い説明書）づくり … 96
3. バランス・コントロール―心の動きを視覚化する … 102
4. 「幸せ」ってなんだろう？―お互いの「～したい」を大切に … 112

第6章　「すこやか」はこうして生まれた … 119

> … コラム …
> 体験！アクティブラーニング … 12
> 悩める人 … 54
> 君は心の中の川が見えるか … 88
> 何かを選ぶということは、何かを手放すということ … 118

あとがき　小島淳子 … 125

参考文献 … 126

執筆者等一覧 … 127

装丁：クリエイティブ・コンセプト　江森恵子

やってみよう！ 選択理論でアクティブラーニング

＊年間の流れを示していますが、単独もしくは組み合わせて行うこともできます。

＜第2章 チームビルディング＞

体と頭を働かせて、皆で力を合わせて取り組みます。「チームで協力して達成するって、こんなに楽しいんだ」ということを感じてもらいたい！ クラス替え直後の新年度だけでなく、チームの力を結集したいとき、折に触れてチームビルディングにチャレンジしてみましょう。

「ネームトス」でお互いを知る

「パタパタ」いかに速くまわすか？

「さじ投げちゃだめよ」で工夫する子どもたち

＜第3章 自他の違いを知る＞

【4月】お互いを知ろう
新しいクラスでの出会い。お互いにインタビューをしたり、座席表をつくりながら情報交換。一緒に生活し、共に学ぶ仲間を知り、自分を知ってもらう、クラスづくりのスタートです。

【5月】自分を知ろう
ネガティブな言葉をポジティブな言葉で言い換える、リフレーミングを行うと、ものごとをいろいろな視点から見ることができるようになります。欠点だと思っていたことも、見方を変えると、長所かもしれません。自分自身を見つめなおしてみましょう。

【6月】感じ方って、人それぞれ
同じ画像を見ても人によってとらえ方が異なります。「ブタ」の絵を描いてくださいと言っても、人それぞれ描く絵が違います。自分が知覚していることと、他の人が知覚していることは違う、ということを意識してみましょう。

＜第4章 自己を見つめる＞

【7月】人はいかに行動するか（その1）
人には誰でも5つの「基本的欲求」があります。自分自身の基本的欲求に目を向けてみましょう。さらに、人は、基本的欲求を満たそうとして行動する  ということにも注目してみましょう。

↓

【9月】人はいかに行動するか（その2）
物語の登場人物の言動から、その背後にある「基本的欲求」を考えてみましょう。一見、不合理に見えることでも、その瞬間、本人は自分にとって最善と思われる行動を選択しています。

↓

【10月】「心の宝箱」をイメージしよう［上質世界］
人は皆、心の中にそれぞれ「心の宝箱」を持っていて、その中には自分が大切にしている「ヒト・モノ・コト・考え方」などが入っています。自分の「心の宝箱」の中を見つめてみましょう。

↓

【11月】知って得するセルフ・コントロール［全行動］
音楽を聴く（行為）や楽しいことを考える（思考）は、コントロールしやすいけれど、心臓がドキドキする（生理反応）や悲しい（感情）はコントロールしにくいものです。「親に怒られて、イライラしている」ときにどうしたらよいか考えてみましょう。

＜第5章 より良く生きる＞

【12月】人間関係を良くする秘訣（その1）
大きなハートの内側には、人から言われてうれしい言葉や態度、外側には人から言われると嫌な言葉や態度などを書いてみましょう。

↓

【1月】人間関係を良くする秘訣（その2）
自分の「取り扱い説明書」をつくります。自分自身と向き合い、それを仲間と共有することで、お互いのことをより理解し合えるようになります。

↓

【2月】バランス・コントロール
天秤の模型を使って、左右のバランスをとる方法について考えます。日常生活の中でも、自分の願望と、自分が置かれている現実との 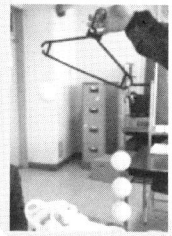 間にアンバランスを感じることがあります。そんなとき、どうやってバランスをとりますか。

↓

【3月】「幸せ」ってなんだろう？
日常のさまざまな場面で、自分やまわりの人たちの「基本的欲求」が満たされているかどうか検証してみましょう。人生の分かれ道で、道を選択するのは自分です。そのとき、どちらを選ぶか、その場だけでなく、あとになって「良かった」と思える選択をするためには、自分やまわりの人の欲求や願望に目を向けることがポイントとなります。

やってみよう！ 選択理論でアクティブラーニング 7

選択理論とアクティブラーニング

聴いたことは忘れるが、見たことは一定期間記憶され、やったことは忘れない。

「エドガー・デールの法則」を要約すれば、こうした表現になるでしょうか。学習者の能動的な学習参加を取り入れた教授・学習法の総称であるアクティブラーニングは、まさしくこの法則に基づいた効果的な学習方法と言うことができます。

確かに、教員による一方向的な講義形式の授業とは異なり、アクティブラーニングによる授業は、子どもたち一人一人の脳を活性化（activation）します。Activeには活発な、積極的な、自発的なという意味があります。したがってアクティブラーニングによる授業を行えば、子どもたちはより活発に、積極的に学習参加し、自発性、主体性も育つのです。

では、なぜアクティブラーニングにはそうした効果が見込めるのでしょうか。また、そもそもアクティブラーニングはそれを行うこと自体が「目的」なのでしょうか、それとも、ある目的を達成するための「手段」なのでしょうか。

さて、本書を手に取られた方は「選択理論？でアクティブラーニング？」といぶかしく思われたのではないでしょうか。

ウイリアム・グラッサーが提唱した選択理論は、アメリカでは広く教育界で取り上げられ、これまでに選択理論を学校経営の根幹に据えたクオリティ・スクールが数多く誕生しています。

「教えるということは、子どもに、あるいは子どものために何かをすることではない。教えるということは子どもが学びたい、勉強したいと欲するようなやり方で全体的アプローチを構築していくことにほかならない」とグラッサーは考えます。この考え方に基づいて、クオリティ・スクールでは、いくつもの大切にしている原則があり、そこには「詰め込み授業は存在しない」「協同学習が通常の指導方法である」と掲げられています。

グラッサーが、「子どもが学びたい、勉強したいと欲するようなやり方」にこだわったのは、本書でも触れている、人が有する「基本的欲求」に強く関連します。すなわち、子どもたちは、勉強がわかれば力の欲求が充足し、勉強が楽しくなります。楽しみの欲求が満たされれば、クラスメート同士の所属の欲求も満たされ、学校生活が充実します。そして、学習意欲は自由な発想や意見交換が保障された、アクティブラーニングによる授業によって高まるのです。このように、アクティブラーニングの目的は、子どもたちの基本的欲求を満たすことに重きを置く、選択理論の考え方と見事に符合するのです。

「互いに協力する技能は、持って生まれるわけではなく、学ぶものである。競争から協同へ」と説いた、協同学習の先駆的リーダー、デイビット・ジョンソンも、児童や10代の若者の教育にかかわる者にとって、グラッサーの選択理論は非常に革新的なものだ、と述べています。

グラッサー自身も、「協同学習の方策は、学習成果を強化すると同時に、子ども同士の関係をも強化する意味で非常に有効」と記しています。子どもたちの基本的欲求充足や人間関係づくりを追求した、本書『選択理論でアクティブラーニング』のねらいがここにあります。

本書を活用していただくにあたって

チームビルディングの効果と効用

　本書の第2章では、教室内ではもちろん、校庭や体育館、あるいは校内のピロティなど、ちょっとした空間で行うことが可能な、チームビルディングのアクティビティをいくつか紹介しています。

　チームビルディングには「群れ」を「チーム」に変えるというねらいがあり、そのために練り上げられたアクティビティを行うことにより、次のような効果と効用を期待することができます。

・短時間で行うことができ、しかも大きな効果を見込むことができる
・構成メンバー相互が自然な流れの中で、互いに理解し合うことができる
・問題に直面したときに、自己の意志力と行動力でどう適応するかを実際に経験することができる
・実際の体験を通して自己の行動変容を促すことができる
・どのように整理すれば問題点を明確にすることができるかがわかる
・どうすれば問題を解決できるかを集団として考えることができる
・集団として振り返ることで、良かった点や改善点を多角的に把握することができる
・安心して学習活動に臨める関係性や教育環境をスムーズに築くことができる
・経験を積むことで、個人としても集団としても、さらなる問題解決に取り組もうとする意欲を喚起することができる
・何よりも問題解決に向けて、集団が力を合わせることの意義と喜びを互いに実感することができる

　このような効果と効用をもたらしてくれるチームビルディングは、授業に集中できる学級をつくるだけでなく、クラス経営や部活動指導の場面でも、子どもたちに対して行うことで、集団や組織における信頼関係を築くことが期待できます。本書では、アクティビティごとに実施する場所、人数、取り組みやすさなども記していますので、単独または適宜組み合わせて実施してください。

　このように、活用価値の高いチームビルディングは、実はそれを実施する教員の側にも思わぬ副産物をもたらします。

　子どもたちに対して、チームビルディングのアクティビティを行うに当たっては、実施する教員たちが事前にシミュレーションをしておく必要があります。その予行演習自体が、とりもなおさず教員集団としてのチームビルディングとしての効果を発揮することになるのです。

　学校では、日々の教材研究だけでなく、児童・生徒指導や保護者等への対応に加え、さまざまな会議や打ち合わせに多くの時間を費やしている現状があります。すべての教員が共有できるまとまった時間をとることは、実際にはたいへん難しいことです。しかし予行演習として行うチームビルディングのアクティビティは、短時間で行うことができ、しかも子どもたちに期待するのと同様の、大きな効果・効用を見込むことができるのです。

　教員たちの間で、お互いにサポートし合う関係ができ、同僚性や協働性を強固なものとしていくためのチャンスが生まれるので、同じ職場で働くもの同士、仕事へのモチベーションを高めていくこと

も期待できる取り組みとなります。

授業で活用するだけでなく

　本書の第3〜5章は、「総合的な学習の時間」や「道徳」などで、アクティブラーニングによる授業を通年で行えるように構成されています。

　4月。新学期が始まると、子どもたちは新しいクラスでの自分の身の置き所を探ります。その過程では**「自他の違いを知る」**ことが重要となります（第3章）。

　やがて、クラスメートと馴染んで、学校生活を楽しく送れる子もいれば、さまざまな軋轢の中で、クラスや学校から気持ちが遠のいてしまう子も現れます。そうした子は自ずと「自分って、何なの？」と**「自己を見つめる」**内省の時を迎えます（第4章）。

　それでも、子どもたちは勉強や学校行事、部活動等に取り組みながら、学校ではもちろんプライベートにおいても、さまざまな人に出会い、多様な関係性の中で揉まれながら成長していきます。このように、絶え間なく成長していく子どもたちにとって**「より良く生きる」**ことの意味を知り、考え、実践する機会を得ることは、とても大切なことです（第5章）。

　本書はこうした流れで構成しました。しかし、仮に通年で取り扱うことができなくても、単独あるいはいくつかのユニットを組み合わせて、セットとして取り組むことも可能です。

　また、授業として行うだけでなく、学級活動やホームルーム活動として取り上げ、クラスの求心力や団結力を高める効果も期待できます。クラスや学年、学校の様子や状況に応じて、いろいろな場面で、「ここは」というタイミングで、ぜひ試していただければと思います。

「振り返りシート」の活用

　本書で取り上げたアクティブラーニングの授業では、授業の終了前に必ず「振り返り」を位置づけ、実施しています。

　先に触れたように、本書では自分と他者とのかかわりを通して、自分自身を知り、他者を理解し、自分と他者との関係づくりについて考えるための学習を「授業」という枠組みの中で提示しています。

　これらの授業を通して、子どもたちが今すぐにでも解決すべきものから、中・長期的に課題解決に向けて取り組むべきものまで、さまざまな課題が浮き彫りになるでしょう。それらの課題は、授業を体験した子どもたち自身によって整理され、記録されることによって、知識、記憶、体験として定着します。さらには、その後の日常生活の中で活かされて、初めて学習成果と呼ぶことができるのです。

　そうした観点からも、授業の中で「振り返り」を行うことは、たいへん重要かつおざなりにはできない取り組みです。

　振り返りには、授業を行う側の教員が内容等の適否を確認、改善するためのものと、学習者個々あるいはグループ等で、授業内容を咀嚼するために行うものとがあります。本書では学習者にスポットを当て、個人が文章を完成させるタイプの「振り返りシート」を掲載しています。

　特に、「このテーマに取り組む前のあなたの気持ちは？」というスケーリングを用いた設問と「今後の自分の日常生活に活かしてみたいと思うことを書いてみよう」という個所に、授業をする教員たちのアクティブラーニングへの思いが込められた振り返りシートとなっています。

振り返りシート

　　　　　　　　　年　　組　　番　名前＿＿＿＿＿＿＿＿

今日の授業のテーマは「　　　　　　　　　　　　　　　　」です

　　このテーマに取り組む前のあなたの気持ちは？

1．今日の授業内容を書いてみよう

2．今日の授業で感じたこと・気づいたことを書いてみよう

3．今後の自分の日常生活に活かしてみたいと思うことを書いてみよう

今日の取り組みについての自己評価は？

体験！
アクティブラーニング

　現在、産業能率大学の教授をされている小林昭文先生の高校物理の模擬授業を、かつて生徒役として体験する機会がありました。

　授業を行う前提となる、クラスの人間関係づくりに関する実践も多い小林先生の授業は、「座席表づくり」からスタートしました。

　各自がクラスの座席表をつくりますが、名前を知らない人には、聞きに行く必要があります。いつの間にか、教室中がワイワイガヤガヤ、自己紹介を交えたにぎやかな空間に変わります。教室がなごやかな雰囲気になったところで、物理の授業になりました。

　授業の目的は「科学者になる」こと。

　「では科学者って普段どんな活動をしているのだろう」と投げかけられると、自然にチームごとの話し合いが始まります。仮説を立ててそれを検証するために実験や観察を行う。

　「それって1人でするの？」

　「いや、チームで話し合いをしながら進める。結果を発表したり、意見を聞いたり、アドバイスをもらったり…」

　「それって人とのコミュニケーションだよね。では、この授業でも同じようにしよう」

　「授業の目標は『科学的対話力の向上』。だからこの授業で期待される授業態度は、しゃべる、質問する、説明する、動く、チームで協力する、チームに貢献する、だよ」

　自然と私たち生徒役のワクワク感は高まっていきます。

　今日のテーマは「静電気」。スクリーンに提示されるスライドと実験を交えながら15分程度の説明。そのあとは練習問題を解いていきます。いきなり「えーっ」という感じですが、チームで取り組むので、わからないことは周りの人が教えてくれたり、教え合ったりします。

　丁寧な解説つきの解答も配られていますので、それを読むこともできます。チームの机には、実験器具も用意されていて、確かめながら考えることもできます。

　先生は常にぐるぐる机間指導をしてくれていますので、気軽に質問することもできます。そして時間を区切って課題テストをします。これも、チームで取り組むことができるので、緊張感なく、自然な形で教え合いの状態になります。

　気がつくと約65分の授業はあっと言う間に終わっていました。

　こうして模擬授業が終わったあと、参加者全員で振り返りをしました。
・授業が安全で安心感に満ちている
・ワクワク感を受けとめてくれる雰囲気がある
・批判がない、とにかく楽しかった
というような感想が多く出ました。

　また、評価、自己評価、座席（自由に座らせている）についての配慮、準備作業のほか、コミュニケーションが苦手な子ども、文章を読む力のない子ども、学習意欲の乏しい子ども等をどう指導しているのか、安全・安心な場づくりのために配慮していることは何かなど、多くの質疑に答えていただきました。

第1章

選択理論ことはじめ

ある教室の風景－その１

飯田「はい、じゃあさよなら。気をつけて帰れよ！」
安田「あのう、飯田先生さあ。ちょっと聞きたいことがあるんだけど…」
飯田「え？ 何？ 時間かかる？ 今ちょっと忙しいんだ。今じゃなきゃダメか？」
安田「…うーん。できれば今のほうがいいんだけど…」
飯田「わかった。でも早くして！ あんまり時間ないんだから。で、何？」
安田「あのねぇ、さっき出した進路希望の紙なんだけどね。あれ、さあ…」
飯田「なんだ、これのことか。これがどうした？ 適当に書いたのか？」
安田「じゃないけど、ちょっと親と…」
飯田「なんだ、はっきり言えよ！」
江藤「あ、飯田先生いたた。職員室に電話がかかってますよ！」
飯田「あ！ すみません、江藤先生。今すぐ行きます！ てことだから、安田、また明日聞くから。じゃあな」
安田「なんだよお！ 何でも相談しろって言ったくせに！ もういいよお…」

ある教室の風景－その２

飯田「はい、じゃあさようなら。気をつけて帰ってよ！」
中村「あのう、飯田先生。ちょっと聞きたいことがあるんだけどさあ…」
飯田「なに中村さん、どうしたの？」
中村「…。うーん…」
飯田「なんか言いにくそうだね。ここでいい？ それとも別の部屋行く？」
中村「うん、大丈夫。あのね、さっき出した進路希望の紙なんだけど…。あれ、ほんとはね…」
飯田「そっか、進路のことか。じゃあ、ゆっくり話を聞かなきゃねぇ」
中村「ああ、はい」
江藤「あ、飯田先生いたた。職員室に電話がかかってますよ！」
飯田「あ！ すみません、江藤先生。今、ちょっと手が放せないんですけど、どなたからですか？」
加藤「ＰＴＡの榎本さんからです」
飯田「あ、わかりました。申し訳ないんですけど、あとでこちらからかけると伝えていただけませんか？」
江藤「了解。じゃあ、そう伝えます」
飯田「あ、ごめんごめん。じゃあ、ちょっと時間かかりそうだから、進路相談室に行こうか？」
中村「あ、はい。じゃあ私、一足先に行って待ってるから、先生、電話済ましてから来てよ！」
飯田「え？ そうかい？ 悪いな、中村さん。ありがとう。じゃあ、そうするよ。電話はたぶんすぐに終わるから、今から10分後に相談室でね」
中村「了解。お待ちしております（笑）」

選択理論との出合い
７つの致命的習慣と身につけたい習慣

　「ある教室の風景」は、その１もその２も同じ飯田先生のクラスでの出来事ですが、明らかに飯田先生の子どもへの対応が違っています。では、どうして飯田先生はこのように変わったのでしょうか。
　あるとき飯田先生は同僚に誘われるままに「選択理論心理学入門」という講座

に参加します。そしてそのことで、飯田先生に教員としての転機が訪れたのです。

アメリカの精神科医ウイリアム・グラッサー博士が提唱した選択理論心理学は、教員が子どもや保護者、同僚、管理職などとのより良い関係性を築くための多くのヒントを与えてくれています。

人が人に接するとき、大きく分けて2つの行動様式があります。1つは「批判する、責める、文句を言う、ガミガミ言う、脅す、罰する、ほうびで釣る」。グラッサー博士はこれを、人間関係を壊す「7つの致命的習慣」としています。一方、「傾聴する、支援する、励ます、尊敬する、信頼する、受容する、意見の違いについて交渉する」という行動様式は、人間関係を築くための「7つの身につけたい習慣」として、これを奨励しています。

「ある教室の風景」その1は前者の、その2は後者の行動様式に従った結果です。飯田先生と子どもとの関係性が破壊に向かうか、それとも構築に向かうかの違いが如実に現れていると思いませんか。

基本的欲求と幸福感との関係性

飯田先生は講座で、人には誰でも、時代、年齢、性別等を問わず、それを満たさないと幸せになれない5つの「基本的欲求」がある、ということを知りました。
　①愛・所属の欲求
　②力の欲求
　③自由の欲求
　④楽しみの欲求
　⑤生存の欲求
そして、5つの欲求の強弱は人それぞれ違うが、これらの欲求を日常生活の中でバランスよく満たしている人は、幸福感を味わうことができ、そうでない人は、自分のことを不幸だと感じてしまう、という解説を聞きました。さらに、基本的欲求は、自分にとって身近で重要な人との関係性がうまくいっているときには満たすことができるが、関係性が崩れるとトラブルが絶えなくなるということも。

それを聞いた飯田先生は思いました。

「自分はこれまで担任として、子どもたちにばかにされないように振る舞ってきた。また少しでもクラスを良くしようと、多少強引な物言いもしてきたけれど、それって自分の『力の欲求』の現れだったのかなあ。でもその結果、子どもとの関係もクラスの雰囲気も、良くなるどころかギスギスした感じになっちゃって…」

自分の「力の欲求」を満たす方法として、知らず知らず「人間関係を壊す7つの致命的習慣」を使っていたこと、その結果、子どもとの関係が壊れ、結局、自分のイライラも日に日に高じてしまっていたということに、飯田先生は改めて気づいたのでした。

上質世界（最も欲しているもの）

でもこのとき、飯田先生には1つの疑問が湧いてきました。

「たしかに『愛・所属の欲求』を満たすためには、『人間関係を壊す7つの致命的習慣』より、『7つの身につけたい習慣』で接したほうがよいことはわかる。でもそのことで自分は逆に不自由さを感じるし、あまり楽しくもないんだよな。

何か割り切れないモヤモヤした感じがあるんだけど…」

飯田先生がこんな疑問を感じ始めた頃、講座では「上質世界」という、耳慣れないものについて話題が移っていきました。

「上質世界には、基本的欲求の1つ、またはそれ以上を満たすヒト・モノ・コト・考え方などが入っていて、その中に何が入っているかは、人によって違うのです。例えば、『楽しみの欲求』を満たすために、ある人はテニスをする、またある人はサッカーを観戦するけれど、また別の人は映画観賞や料理を楽しむ、というように。

でもそれらは、その人にとっては自分の欲求を満たしてくれる、とても大切なもの、最も欲しているものなので、周りの人がそれについて軽んじたり、けなしたりすると、その人との関係性はたちまち壊れてしまうのです。なので、相手の上質世界に何が入っているのかを知り、それを尊重することが、より良い関係性を築く上ではとても大切なことなのです。

今日の受講者の中には教員の方も多いのでお話ししておきますと、先生は子どもにもっと勉強してほしいという思いが強いあまり、授業中に騒いだり、居眠りしたりしている子どもを見ると、ついついガミガミ言いたくなりますよね。でも肝心なことは、その子どもの上質世界の中に『勉強は面白い』とか『勉強は大事』ということが、その時点で入っていないのなら、いくら先生が注意しても、どこ吹く風なのです。さらに先生が声を荒げれば、その子どもとの関係性はもっとこじれてしまう。これまでの教員生活を通じて、そんなご経験、何度もありませんでしたか？」

感じ方の違い、価値づけの違い

飯田先生の脳裏に、さまざまなことが浮かんでは消え、消えては浮かびました。

「勉強が面白いかどうかは人それぞれだろうけど、でも勉強が大事ってのは常識じゃないのか？ 勉強が大事って感じていない子がいるなんて、信じられないなあ…。でも、待てよ、たしかに中にはそういう子どももいるなあ。それに常識って、人の数だけあるとも聞いたことあるし…。てことは、今まで自分の思い込みだけで、子どもたちにとって良かれと思うことをいろいろ言ってきたということなのかなあ…」

そのとき講師の言葉が再び聞こえます。

「人は同じものを見ても、また、同じ体験をしても、決して同じようには感じないし、また、それに価値を見出すかどうかも人それぞれ違いますよね。これを知覚の違いとか、感じ方の違いと言いますが、感じ方が違えば、自ずとそれへの意味づけや価値づけも変わってきます。このことが、ひいてはそれぞれの上質世界の中身の違いにつながっていくんですね」

講師の話を聞く飯田先生の脳裏には、またいろんなことが浮かんできました。

「そういえば、教頭に昼飯誘われると、いつもラーメン屋なんだよな。俺は、ほんとは蕎麦がいいんだけど。今度誘われたら言ってみようかな。『味覚の違いです』って。でもそんなこと言ったら、にらまれちゃうな。やめとくか。

でも待てよ。たしかに教頭の上質世界

にはラーメン、それもこってり系のラーメンがしっかり入ってるみたいだけど、俺はざる蕎麦がいい。お互い望んでるものが違うのに、行くのはいつもラーメン屋。だから俺としては自分が食べたい物を食べれなくて、いっつも我慢してるんだけど、これって選択理論的に言うと『それでも教頭とラーメン屋に行くことを選んでいるのはあなたでしょ』って言われちゃうのかなあ。なんか釈然としないなあ。

それに、基本的欲求を満たすことが大事っていうけど、この場合、欲求を満たしてるのは教頭で、俺の欲求充足はどうなんだろ。このままだと不幸になっちゃうってこと？ 俺。

よし、昼休みにちょっと講師に聞いてみるか。でもその前に蕎麦屋に行って『生存の欲求』を満たしてこよう」

人間関係を良好に保つヒケツ

「お昼休みに飯田さんから質問をいただきました。皆さんと一緒に考えてみたいと思いますが、その前に簡単に午前中のおさらいをしてみましょう。

人には誰にも満たしたい5つの『基本的欲求』があり、それが満たされているかいないかで、その人の幸福感が増減する。なので、人は無意識のうちに、あるいは意識的に自分の基本的欲求を充足できそうなことを選択して行動を起こす。

この、自分の基本的欲求を満たすヒト・モノ・コトや考え方などは、その人固有のものとして『上質世界』の中に入っている。でも、何がその人の欲求を満たすか、つまり、上質世界に何が入っているかは、人によって異なるし、また同じ人でも、過去と現在、また将来においては中身が変わる可能性も十分にある。

いずれにしても、その人固有の大切なものが入っているので、中身について人にとやかく言われると、気分がよくなくなる。なので、まずは周りの人の基本的欲求のそれぞれの強弱や満たされ具合、また、その人の上質世界に何が入っているのかを考えて、それを尊重したり、それに対して敬意を払ったりすることを意識する。これが身近で重要な人との関係性を良好に保つためのヒケツなのです。

以上が午前中に触れたことでしたね」

セルフ・コントロールとは

「では改めて、飯田さんの疑問点について考えていきましょう。

飯田さんの上司はラーメン派、でも飯田さんは日本蕎麦派。つまり、それぞれの上質世界に入っているものが違っている。言い方を換えると、お昼にこれを食べたいという願望と願望とが衝突してしまっている。でも、飯田さんはいつも上司について行くので、常に願望が満たせない。これが飯田さんの現実。こういう状態が続く飯田さんは不幸なのかな？という問題提起ですね。

とてもわかりやすい事例を出してくれたと思いますが、このように願望と現実とのギャップに苦しむという経験は、誰にだって大なり小なりありますよね。いやむしろ、生きているということは、こうしたことの繰り返しなのだと思います。

願望あるいは理想と現実とのギャップ、すなわちこれが問題ということにな

るのですが、人がそれを問題視し、解決しようとしたときに、それは課題となります。

　よく、それは問題だ問題だと指摘だけして何もしない人がいますが、その人にとってその問題は、つまり課題となっていないということです。それはともかく、私たちは日常の中で、そうした課題を解決するために、実際には実にさまざまなことを考えたり、行ったりしているのですね。選択理論では、この辺りのことを心の中に天秤を置いてもらって説明しています。

　天秤の一方の皿に願望を置き、他方の皿に現実を置くと、置いた途端に天秤はバランスを失って傾きます。「やりたいことができない」「思うように事が運ばない」「食べたい物が食べられない」というように、大概は願望が果たせないことによる傾きなので、このとき人はとても不快な状態です。そこで、人はその天秤の傾きを直そうと、つまり心の状態を平衡に保とうとして、意識的に、あるいは無意識のうちに実にさまざまなことを試みます。これがセルフ・コントロール、あるいはバランス・コントロールと呼ばれるものです。

　セルフ・コントロールという言葉を辞書で引くと、『自分の感情や行動を自分で制すること。克己。自制』とあり、自分の感情や欲望を抑制して、何か自分だけが我慢することのように、マイナスのニュアンスを感じますが、選択理論ではむしろ積極的な意味づけをしています。つまり、状況や状態の変化、すなわち不安定な天秤の傾きに一喜一憂したり、右往左往したりするのではなく、その傾きをなるべく平衡に保つために効果的なことは何か、ということを意識的に、かつ前向きに考える習慣や癖をつけ、その上で良かれと思う行動をとる。そうすることで、状況に振り回されない自分になっていけるのでは、と考えます。

　飯田さん、こういう人は、はたして不幸でしょうか？」

感情と生理反応

講師「飯田さん、ここまでの話で何か感じたことがあればお願いします」

飯田「あ、はい。いろいろお話を聞いていると、自分にとってラーメンか蕎麦かというのは、実は大した問題ではなかったんだなと。つまり解決しなきゃいけない課題とまではなっていない、ということがわかりました（笑）」

講師「それはよかったですね。でもせっかくよい事例を出していただいたので、もうちょっとこのケースで考えていきたいと思います」

飯田「研修に貢献できて、私の『力の欲求』は今、満たされています（笑）」

講師「ありがとうございます。では、飯田さん。こんなことは現実にはあり得ないことですが、仮に、ということでイメージしてください」

飯田「はい。想像力をたくましくして」

講師「はい。では、上司が昼食だけでなく、夕食もラーメンにしようと言って誘ってきたらどうですか？」

飯田「さすがにそのときは断りますよ！」

講師「そうでしょうね。でも、仮の話ですからもう少しお付き合いください。

飯田さんが断っても、上司はしつこく誘う、それも来る日も来る日も同じことが繰り返されて、状況が変わらない、としたら？」

飯田「そういうのフード・ハラスメントって言うんですかね。でも、上司だからやっぱりパワハラか」

講師「そう。上司からそんなパワハラを受け続けたら、そのときの飯田さんの感情はどう反応しますか？」

飯田「そりゃもう、ムカつきますよね」

講師「それだけですか？　なるべく想像をたくましくして考えてください」

飯田「そうですね。怒り、怖れ、嫌悪感」

講師「なるほど。では、それらを感じている瞬間の飯田さんの身体には、何か変化が起こっていますか？」

飯田「身体の変化ですか？　おそらく血圧が上がり、心臓がバクバクしたり、顔面が紅潮したり。教頭を見ると鳥肌が立つかもしれません（笑）」

講師「はい、飯田さん。ご協力ありがとうございました。お座りください」

『全行動』とは何か
思考と行為をコントロールする

「さて皆さん。今、望まないことが起こったときの飯田さんの感情と生理反応にスポットを当ててみました。飯田さんに限らず、誰でも嫌なことが起こると感情と生理は顕著に反応しますよね。もちろんうれしいこと、歓迎すべきことが起こっても反応は生じます。でもこのとき、感情と生理反応だけでなく、思考と行為も同時に何らかの動きがあるのです。

グラッサー博士は、この感情と生理反応と思考と行為の4つが、すべて同時に何らかの動きをし、かつ相互に影響を及ぼしているということに着目して、これを『全行動』と名づけ、車の車輪にたとえています（82ページ参照）。

車の絵では、前輪に思考と行為、後輪には感情と生理反応を置いています。とかく人は日常生活を送る中で、後輪の感情や生理反応に振り回されてしまいがちです。でも、あくまでも車の運転手である自分が、自分の意思でコントロールしやすいのは、ハンドルに直結している前輪の思考と行為、ということを説明しているのが、この車のたとえなのです。

自分が向かいたい目的地、目標地点にたどり着くためには、助手席に座って車の運転を人任せにするのではなく、自らハンドルをしっかりと握って、運転をしていかなければいけません。でも、どうでしょうか。私たちは日常の中で、自分の思いどおりに事が進まないときに、ついイライラした感情に任せて言葉を荒げたり、うまくいかないことを環境や人のせいにしたりしてはいないでしょうか。

そうすることで、結局は手に入れたいものを手放し、人間関係をも自ら壊してしまった、という苦い経験を誰もがしているのではないでしょうか。が、選択理論では、そうした行動も自らの選択が招いた結果だとしています。であるならば、後輪に振り回されるのではなく、しっかりと自分の意思で前輪の思考と行為をコントロールして、目的地に到着する道を選択していきたいとは思いませんか？」

責任とは

「さて、今日1日受講していただいた、

この選択理論入門講座のプログラムも、あと1つを残すばかりとなりました。

　実は私は、孔子の『論語』が大好きで、ときどき読み返しています。ご存知の方も多いと思いますが、その中の有名な一節をご紹介します。

　孔子の弟子の子貢という人が、孔子に聞きました。『一字で、一生涯守っていくべきものはありますか？』。

　孔子は答えます。『それは恕であろう。自分が人からされたくないことは、人にも決してしてはいけない』と。

　この『恕』という文字には、『その身になって他人の気持ちを思いやること。また、他人の立場になって許す心』という意味があるんですね。

　実は、似たような意味を持つフレーズが、聖書の一節にもあるんです。

　「Treat others as you would like them to treat you.」（マタイ7：12）

　「人からしてほしいと望むことは、人にもまたそのようにしなさい」

　この金言は、キリスト教の世界では『黄金律』（golden rule）として尊ばれているそうです。孔子もキリストも、表現は受動態と能動態とで違いますが、その言わんとすることは同じで、洋の東西を越えた箴言、格言となっています。

　選択理論心理学を提唱し、それに基づくカウンセリング手法である、リアリティセラピー（現実療法）の普及に努めたグラッサー博士は、『自分以外の人の欲求充足の邪魔をしないで、自分の欲求充足をする』ことを『責任の概念』と呼んでいます。また、日本での選択理論普及の第一人者である柿谷正期先生は『自分以外の人の欲求充足のお手伝いをしながら、自分の欲求充足をする』という言葉で、責任の概念の幅と奥行きをさらに拡げています。

　人と人との欲求がかち合ったとき、どちらも調整しない限り、そこに軋轢が生まれ、仲たがいが生じてしまいます。そして、声の大きい人、口数の多い人、力の強い人、年齢が上の人が常に勝ち、大きな声が出せない人、口下手な人、ひ弱な人、若輩者が常に辛酸をなめるというのは不合理で、よろしくないですよね。

　双方「したいこと」「してほしくないこと」をはっきりと明言した上で、新たな『気づき』をお互いに得られるように、どう調整を図っていくかが重要ですね。

　今日一日、皆さんと学んだ選択理論の考え方が日常の中で生かされることを願って、以上で私の話を終わりたいと思います。ご清聴ありがとうございました」

＊

　冒頭の「ある教室の風景－その2」は、飯田先生が講座を受けてから1年経ったある日の場面です。

　講座も一度きりしか受けておらず、その後、選択理論関係の書籍もパラパラとしか見ていない飯田先生にとって、選択理論がどういうものなのか、まだまだわからない、というのが実感のようです。でも、講座で学んだことを意識して生活してみると、たしかに子どもたちとの関係性が良くなったことに気づく今日この頃です。

　「今度、選択理論の内容を道徳の授業で扱ってみようかなあ」

　飯田先生自身にも、徐々に変化が起こっているようです。

第2章

チームビルディングアクティビティ集

チームビルディングで
アクティブラーニング実施のための
ベースづくり

　新たな気持ちで年度がスタートする際には、教員も、子どもたちも、誰もが「まとまりのある、楽しいクラス」を期待します。ところがこれは、ともすれば「誰かがなんとかしてくれる」という気持ちを引き起こすことにもなりがちです。こんなメンバーが多いと、クラスはなかなかまとまらないかもしれません。

　しかし、個々が集団のために安心して遠慮なく意見を出し合い、力を合わせて行動できるようになると、「このクラス、楽しい！」と感じるようになります。安心できて楽しいクラスの雰囲気を醸し出すことは、アクティブラーニングを実施する大きな目的の1つです。

　そこで第2章では、「集団としての力を伸ばすために、個人がどうすればよいか」に気づき、「個人の意見や行動が集団にどう反映するか」を実感できる「チームビルディング」のアクティビティを紹介します。

すでにある活動をより活性化させる

　文化祭、体育祭、スポーツ大会、音楽発表会など、チームビルディングに相当する活動はすでに学校生活に数多くあります。ここで紹介するアクティビティは、これらの活動をより活性化する効果が期待できます。

　一人一人が集団の中で力を発揮し、集団としての力を増していく実感、失敗の経験を次に活かすという経験、そして個人、集団としての達成感と充実感…。これらは集団づくりに役立ち、学校生活におけるカンフル剤として、あるいは学校行事等のウォーミングアップとして活用することができます。また、屋外行事の「雨天時プログラム」としても活用できます。

安心して力が発揮できる場に

　チームビルディングとは、課題や目標に向かってチームのメンバーが知恵を出し合い、コミュニケーションをとりながら課題を解決することにより、チームとメンバーが成長する取り組みのことです。

　選択理論では「自分の思考と行為は、自らの意思で選ぶ」ということを重要視します。チームビルディングのアクティビティでは、問題に直面した際、自分の思考と行為をどのように柔軟にして対応するか、さらに、それを他者とどのように調整・調和するかを問われる場面が、目の前に多々展開します。

　子どもたちは、アクティビティに取り組むことで、「楽しみ」や「力」、そして「所属」の欲求を満たすとともに、知らず知らずのうちに自分の意見や行動が、その場に適したものに変化していることに気づきます。

　どのアクティビティも特別な道具や複雑な仕掛けはほとんど必要なく、いつでも、どこでも、誰でも気軽に取り組めるものです。そのため集団がぎこちないままプログラムが進められ、よくわからないまま終わってしまったり、「ただの遊び」と安易にとらえられて「楽しかったね」で終わってしまうことが危惧されま

す。また、チーム対抗により勝敗や順位がはっきりついてしまうアクティビティもあります。勝敗にこだわりすぎて、チームビルディングのはずが「チーム内の責任のなすり合い」や「チーム間の反目」になってしまっては逆効果です。

このような状況を避け、チームビルディングという目的を達成するためには、「アイスブレイク」および「振り返り」を行うことが必要です。

アイスブレイクは文字どおり、固く、ぎこちなく緊張している空気を解きほぐすものです。簡単なアクティビティで緊張感や警戒感を取り除き、その後のアクティビティに取り組みやすくします。

また、各アクティビティの目的を伝え、終了後に「実施してみて気づいたこと」「実施前・後の変化」「これからの生活に活かせること」などを考え、確かめ、記録する振り返りを実施します。そうすることで、実施によって得た経験を実生活や集団活性化に活用することができるようになるのです。

これから紹介するアクティビティを集団の状況に応じて、単独で、あるいは組み合わせて実施してみてください。各アクティビティにはおおよその所要時間、場所、取り組みやすさの目安（★3つが最高難度）をつけています。

目的別アクティビティ
【絆をつくる】
1 ネームトス　　　　★☆☆
2 ネームジャグル　　★☆☆
3 ヘリウムリング　　★★☆
【絆を広げる】
4 漢字ワーク　　　　★☆☆
5 ペーパータワー　　★★☆
6 リズムアンサンブル　★★★
【絆を深める】
7 パタパタ　　　　　★☆☆
8 さじ投げちゃだめよ　★★★

【絆をつくるアクティビティ】

1　ネームトス

はじめに紹介するアクティビティは、7、8人のグループにボールが1つあればできるものです。ゲーム感覚で楽しみながらお互いを知り、人間関係をつくるきっかけを得ることができるので、集団形成後間もない時期に行うと効果的です。

グループは人数がなるべく同じになるようにつくります。また、参加者は呼んでもらいたい名前を決めておくこともできます。ボールを動かしながら「名前を呼ぶ」ことを意識し、ゲーム感覚で楽しみながらお互いを知る場面が設定されます。

実施方法

場所：各教室、体育館など

時間：10分

取り組みやすさ：★☆☆

用意するもの：ボール（グループと同数）

①グループごとに輪になり、一人がボールを持つ
②スタートの合図とともに、自分の名前、右隣の人の名前、左隣の人の名前を言

い、左の人にボールを渡す
③渡された人は同じように自分、右隣、左隣の人の名前を言い、左の人にボールを渡す。これを続ける
④ボールが最初の人に戻ったら終了。グループごとの終了時間を競ってもよい

2 ネームジャグル

　ネームトスでひととおりメンバーの名前を覚えたら、応用編として、ボールをランダムに動かすネームジャグルを行ってみましょう。動きが複雑になることによりメンバー同士のかかわりが増し、さらにお互いを知ることができるようになります。

実施方法
場所：各教室、体育館など
時間：10分
取り組みやすさ：★☆☆
①グループごとに輪になり、一人がボールを持つ
②スタートの合図とともに、グループの一人（両隣の人を除く）の名前を呼び「○○さん、いくよ」と言ってボールを渡す
③ボールをもらった人は「△△さん（ボールをくれた人）、ありがとう」と言い、別の人に「□□さん、いくよ」とボールを渡す
④この動きを繰り返し、全員にボールが渡ったら終了。グループごとに終了までの時間を競ってもよい
＊何回か練習をしてから行うとよい。

ボールを動かすと同時にメンバーが互いに名前を呼び合うルールなので、参加者は安心して自分の名前を名乗り、相手の名前を呼ぶことができます。「自分の名前を呼んでもらえる。覚えてもらえる」「仲間の名前を呼べる。覚えられる」ことにより、集団に所属しているという感覚を確かなものにすることができ、仲間との距離が一気に縮まります。
　新年度早々の緊張した雰囲気をほぐす絶好の機会になりますので、ぜひ試してみてほしいアクティビティです。

3 ヘリウムリング

　片手の人差し指で支え合ったフラフープを早く床に降ろしたチームが優勝、というアクティビティです。
　やり方を説明すると誰もが「そんなの簡単だよ！」と言いますが、実際にやってみると誰もが「なんでできないんだろう？」と首をひねる不思議なアクティビティでもあります。
　職員研修で実施することもありますが、毎回達成までにかなり悪戦苦闘する様子がうかがえます。降ろそうとしているフラフープがなぜかどんどん上昇してしまったり、垂直に移動せず斜めに動いてしまったり、簡単にはコントロールできない様子に困惑してしまいます。
　「早くフラフープを下げたい」と焦ると、誰かの指が離れてしまいます。そこで作戦タイムが必要になります。ペースやタイミングを計ったり、声をかけ合ったりと、他の仲間やグループ全体を意識

しながら「フラフープを床に下ろす」という課題達成に向けて集中します。

グループの状況に応じて、盛り上がりが見られれば繰り返し行ったり、グループごとにタイムを競い合ったりすることもできます。また、いつも同じグループではなくメンバーを入れ替えて行うと、お互いを知る機会が増えることにもなります。

実施方法
場所：各教室、体育館など
時間：20分
取り組みやすさ：★★☆
用意するもの：軽量のフラフープ（グループと同数）、ストップウォッチ

① 7～15人のグループをつくり、1つの円になる（フラフープの大きさによって人数を調整する）
② 下の写真のように、全員が人差し指でフラフープを支え、肩の高さあたりでフラフープを水平にする

③ 全員の指がフラフープに触れている状態を保ちながら、床面にフラフープを下ろしていく。途中で誰かの指がフラフープから離れた場合は、本人が申し出て、最初の高さからやり直す
④ フラフープが床面に下ろせたら終了。かかった時間を確認し、2回目のチャレンジにおける目標時間を設定する
⑤ 目標時間内にクリアできたら、グループで話し合い、さらに短時間の目標を設定する。クリアできなかったら、グループで改善点を話し合い、再度チャレンジする

当初、失敗したときのため息は、しだいに、声かけや合図に変わり、最後は「やったー！」「おおー！」という歓声に変わります。繰り返していくと床に下ろすまでの時間がどんどん短くなり、さらなる達成感を得て団結力を高めることができます。

このアクティビティは集団の状況を測るバロメーターとして活用することができます。節目ごとに実施し、タイムを計ってみると、その変化により集団の成長を感じることができます。年度の途中や終わりに改めて実施してみると、年間を通しての集団の絆の深まりが確認できるかもしれません。

【絆を広げるアクティビティ】

4 漢字探し

紙と鉛筆があればできる、シンプルなアクティビティです。「『口』に、さらに二画足してできる漢字をできるだけたくさん探そう」という課題を示します（例えば、目・田・兄・旦・旧・史などがあります。対象者の年齢に応じて「木へんの漢字をできるだけたくさん探そう」「花の名前をできるだけたくさん探そう」など、課題を変えるとよい）。

実施方法
場所：教室
時間：20分
取り組みやすさ：★☆☆
用意するもの：筆記用具、紙、黒板かホワイトボード、ストップウォッチ
①まず一人で「『口』に二画足してできる漢字」を考え、紙に記入する
②次に６人程度のグループになり、お互いの漢字を確認し、さらに漢字を探す
③クラス全体で、グループごとに探した漢字を黒板に貼ったり、板書などをして発表する

　自分が探せなかった漢字を探したメンバーがいたり、誰も探せなかった漢字に自分が気づいていたりして、チームの力や自分のグループへの貢献を実感します。さらにそれをクラス全体で共有すると、漢字の数はさらに増えます。
　個人→グループ→クラスという集団の力により「みんなでやったらできた」「力を合わせることができた」ということが、漢字の数によって実感できるワークです。

5 ペーパータワー

　Ａ４判サイズの紙を折ったり曲げたりしながら重ね、組み立て、一定時間内にどれだけ高いタワーを建てられるかを競います。ハサミも糊もテープも使わず、工夫と根気の勝負です。教室でも体育館などでも実施できます。また、個人でも少人数のグループでも取り組むことができます。
　計測に脚立が必要になるほど高いタワーをつくるグループも出てきます。

実施方法
場所：各教室、体育館など
時間：15分
取り組みやすさ：★★☆
用意するもの：Ａ４判サイズの古紙、ストップウォッチ、メジャー、（脚立）
①各グループに紙を40枚配付する
②５分間の作戦タイムで作戦を練る
③７分でタワーを完成させる。「切る、折る、丸める、破く」はＯＫだが、道具や接着剤は使ってはいけない
④できたタワーの高さを測る

　最初は「子どもじみている」と真剣に取り組もうとしない子どももいます。しかし、誰でも、どのタイミングからでも参加できるので、斜に構えていた子どもが「俺もやる！」とグループに入ってきます。そしてどんどん熱が入り、制限時間になっても挑戦を続けようとするチー

ムが続出します。

　あれこれ意見を出し合い、時には失敗し、試行錯誤を繰り返しながらタワーをつくります。「もっといい方法がある！」「下の柱はもっと多いほうがいいんじゃないか？」など、周りの様子を見ながらあれこれ工夫を重ねます。普段は寡黙な子どもがリーダー性を発揮したり、手先が器用な子どもが活躍したりと、メンバー同士の新たな気づきやかかわりも期待できます。

　最後の計測の場面では大いに盛り上がり、わずか1センチの差で勝敗が決まることもあります。

6 リズムアンサンブル

　このアクティビティは、手拍子だけで行うことができます。ボディパーカッションとも言われており、足や胸などを叩いたり、足踏みをして音を出してもできます。またカスタネットやタンバリン、マラカス、ドラムスティック、ペットボトルなどを使用しても楽しく実施することができます。

　誰とでも、どこでも気軽に行え、気持ちをまとめる効果もあるので、毎日の学級活動や集会などでアイスブレイクとして実施することもできます。

　実際に用いるリズムの例を28ページで紹介します。状況に応じてさまざまなアレンジを加え、楽しむことができます。

実施方法
場所：各教室、体育館など
時間：15分
取り組みやすさ：★★★
用意するもの：リズムパターンのシート（楽器やペットボトル等を用意してもよい）
①クラスを3～4のグループに分ける
②各グループにそれぞれリズムパターンのシートを渡し、誰がどのパターンのリズムを担当するかを決め、グループごとに練習する
③クラス全体で合わせる。初めはゆっくりとしたテンポで合わせ、慣れてきたらテンポを上げるなど、難易度を高くしてみる

　初めは自分とは違うパートにつられてしまいますが、練習を繰り返すと他のパートを聞きながら自分のパートを打つ余裕も生まれ、アンサンブルができあがります。「自分のパート→他のパート→全体のアンサンブル」と徐々に集団を意識できるようになり、アンサンブルの完成により一体感を得ることができます。

　教員たちによるデモンストレーション披露も効果的です。ひそかに練習を重ね、完成度を高め、ここぞという場面で登場し、技を披露します。

　どのアクティビティにも、また、どの教育活動にも言えることですが、教員のチームワークの良さは、必ず子どもたちに好影響を及します。「先生に挑戦してみない？」と投げかけると、子どもたちの気合も増します。初めは冷めていた子どもも「やってみる！」と参加してきます。

　複雑なアンサンブルが成功すると、教室に歓声が響き、ハイタッチの輪が広がります。

リズムアンサンブル（ボディパーカッション）のリズムパターンの例

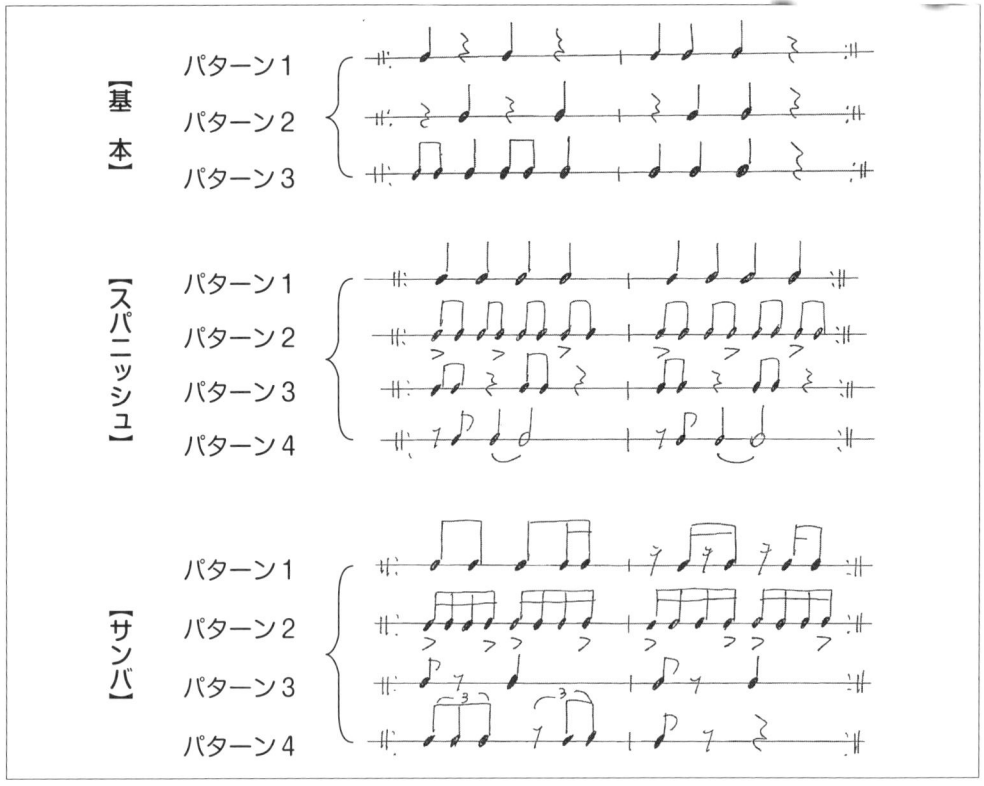

【絆を深めるアクティビティ】

7 パタパタ

手を叩くだけで行うことのできるシンプルなアクティビティです。クラス全員が輪になって座り、起点の人から順番に床を瞬時に右→左と手で叩き、時計回りに隣へと伝播させていき、一周する時間を競います。グループやクラスで対抗戦を行うこともできます。

実施方法
場所：各教室、体育館など
時間：20分
取り組みやすさ：★☆☆

用意するもの：ストップウォッチ
①輪になって座り、起点となる人を決める
②起点の子どもは、右手左手の順に床（または自分の膝）を叩く。左隣の子どもは続けて同じ動作を行い、時計回りに順々に回す
③1周するまでのタイムを競う
④途中で作戦タイムをとるとよい

「とにかくタイムを縮めよう」と繰り返し行うと、時間が確実に短縮されます。すると子どもたちのやる気が増し、他のグループの結果を気にしながら、より速く行うにはどうしたらよいか意見を出し合い、気持ちを合わせるようになります。

「床を叩くなら手と床が近いほうがい

い」「だったらみんな寝転がったほうがいいよ」「そうだね。試してみよう」などと相談しながら記録に挑戦する子どもたち。適宜「目標何秒！」と示すと、達成できたときに歓声が上がるようになります。手軽に実施でき、気持ちを１つにでき、達成感、結束力を得ることができるアクティビティです。

8 さじ投げちゃだめよ

「さじなげちゃだめよ」は、クラスの力をさらに高めることが期待できるアクティビティです。ルールは最低限にとどめ、目標（決まった個数のピンポン球をより速く運ぶ）達成のためにどうしたらよいかを試行錯誤しながら見つけていきます。子どもたちは、はじめは漠然と取り組みますが、失敗を繰り返しながらいろいろな方法を試みます。

クラス対抗で行うと、練習では真剣に取り組まなかった子どもも、本番ではがぜん熱が入ります。うまくいったときに上がる歓声、失敗を「ドンマイ！」とねぎらう声が体育館に響くころには、どの子どもたちも笑顔になり、集団の力を実感できるようになっています。

実施方法

形態：クラス対抗・グループ対抗
場所：体育館など広い場所
時間：50分
取り組みやすさ：★★★
用意するもの：

・スプーン：参加人数分
・ピンポン球：１チームにつき10個以上
・運んだピンポン球を入れる容器：競技するチームの数と同数
・ストップウォッチ、ホワイトボード、三角コーン、マイクなど必要に応じて
・軽快な音楽をＢＧＭとして流してもよい

①競技者がスタートからゴールの方向へ一列になって並ぶ
②合図とともに、スタート地点にあるピンポン球を１つスプーンにのせ、次の人のスプーンに移す。このときピンポン球に手を触れてはいけない。また歩いてはいけない
③ピンポン球をゴール地点の入れ物に入れる
④すべての球を早く運んだチームが勝ち

最初にピンポン球を渡した子どもがゴールの方向にダッシュして移動し、再びピンポン球を受け、そして渡し……をみんなで繰り返すチーム。写真のように間隔を広く取り、距離を稼ぐチーム。間隔を詰めて次々にピンポン球を渡すチーム……。体の向きや立ち位置、スプーンの

第２章　チームビルディング　アクティビティ集　29

使い方に至るまで、お互いに知恵を出し合い、声をかけ合いながら取り組んでいく様子が見られます。

アクティビティ全体を通して

「最初はかなり緊張したけど、やってみると大丈夫だった」

「小学生みたい！と思ったけれど、気がついたらなんか一生懸命考えてた」

「みんなで何かすることが、こんなに楽しいとは思わなかった」

これらはアクティビティに取り組んだ子どもたちの言葉です。「考えて、行動したら、不安や緊張がなくなった」ということは「思考」や「行為」をコントロールすることにより、「感情」が変わっていったことを示しています。また、「みんなでやると楽しい」は「愛・所属の欲求」「楽しみの欲求」が満たされると、人は幸せを実感できるという選択理論の考え方を実証しています。

実施上の留意点は、これらのアクティビティに参加したがらない子どもへの働きかけです。年齢が上がってくると「なんでこんなことするの？」「小学生みたい。くだらない」「つまらない」などと言ったり、斜に構えて参加しない子どもも出てくるかもしれません。また、集団そのものや集団での活動に対する警戒感が強く、参加を拒む子どももいます。

そのようなときには参加を強制せず、見学していてよいこと、途中からでも参加できることを伝えながら、ゆるやかな場の共有を促します。活動には加わらなくても、その場にいることでアクティビティの意味、仲間の様子、より良い取り組み方法を考える、といった気づきが期待できます。

見学していた子どもが「もっとこうやればいいよ」と言ったり、言うだけでは我慢できなくなって途中から参加したり、「次は自分もやってみよう」と感じたり、「こんなことならやってみたい」と話したり、子ども自身が選択した行動がそれぞれの形で次の場面につながっていきます。

活動の場には多くのきっかけが存在します。どうしても参加しない、または参加できない子どもには「次は参加できるといいね」などと言葉をかけ、存在を認めるとともにその後の指導に活かすこともできます。それらも大事にしたいものです。

*

「行動すれば仲間になれる」「みんなとやることがうれしい」ということが実感できると、集団の中に安心感が生まれます。そして、楽しく学校生活を送り、集団の力が増し、個々の子どもも力をつけるという効果が期待できます。

ここで紹介したチームビルディングのアクティビティは、まさに子どもたち自身の中でアクティブラーニングが起こる取り組みです。そして、教科指導でアクティブラーニングを実施する際にベースとなる教室の雰囲気をつくるものとなります。

また、学校という場でこのような経験をすることは、やがて社会において必要とされる「仲間をつくり、チームで課題解決する力＝協働性、コミュニケーション能力」の育成にも役立っていくことでしょう。

第3章

自他の違いを知る

1 お互いを知ろう

年度始めの出会いを大切に

『出会い』への期待と不安

4月。入学、進級などにより、子どもたちを取り巻く環境は一新します。新たな気持ちで年度をスタートしたい、という思いを抱きながら「新しい学校」「新しいクラス」「新しい仲間」「新しい担任」に対する期待を寄せる子どもたち。そこには期待とともに「ここで楽しく過ごせるだろうか？」「友達ができるだろうか？」「先生は自分をわかってくれるだろうか？」といった不安も渦巻いています。

進級を控え、年度が終わりに近くなると毎年かなりの子どもが「○○ちゃんと同じクラスにして～」といった「クラス替え要望」を訴えてくることからも、「友達と離れてしまったらどうしよう」という不安の強さが見て取れます。

クラスを『安心できる場』に

子どもたちにとって、学校は社会参加する重要な場となります。学校生活を通して社会の一員としての所属感を持つことができます。「愛・所属の欲求」は誰もが持っているものでとても重要です。

社会参加の場としての学校は、「安心して過ごせる場」「自分の能力が発揮できる場」「他者からの承認が得られる場」としての機能を持つことが必要です。そして「安心して過ごせる場」としての学校となるためには、まず友達との最初の出会いを構成していくことが大切です。最初の出会いが後々の人間関係の基礎となり、一人一人の関係性がクラス集団の雰囲気をつくっていくからです。

クラス集団が「安心できる場」となれば、子どもたちは自然と自分の力を発揮できるようになり、それがクラス集団のダイナミズム（子どもたちの力を引き出す好循環）につながっていきます。

ここで紹介するプログラムも、教員たちが何回も指導案を練り直し、学年全体で取り組みました。教員たちがみんなで取り組む雰囲気は自然と子どもたちにも伝わり、クラスの雰囲気、学年全体の雰囲気が良くなっていきます。

『座席表づくり』
クラスの友達との人間関係づくり

「出会い」は、著しい成長を促す要素であるとともに、「危機」をはらんでいると

いうこともできます。入学してくる子どもたちの中には、傷つきやすい子どもも多くいるので、出会いを担任が上手にコーディネートしていくことが重要になります。

入学後の3日間は子どもたちが人間関係を構築する上で大変重要な時期となります。ここで紹介する「座席表づくり」の取り組みは、入学して2、3日のうちに行いたい内容です。

子どもたちは、最初の出会いとしてクラス担任に関心が向かいます。次に同じクラスとなった他の子どもへと関心が移っていきます。「早く友達がほしい」と考える積極的な子ども、「いじめられるかもしれない」と不安に思っている子ども、「人とはなるべくかかわりたくない」と思っている子どもなどさまざまです。この2、3日こそが、逃したくない指導のチャンスになります。

まず、クラス担任が自己紹介をして活動を展開していきます。声の大きさ、言葉遣い、表情などに注意します。子どもたちは教員の様子を見て活動するということをしっかりと意識します。教員の自己紹介は、子どもたちの自己紹介のあり方に影響を及ぼしていきます。

話す内容は、担任自身のそれぞれの学校への入学時の思い出などが有効でしょう。担任が自己開示することを通して、学校が安心して過ごせる場であることを子どもたちに伝えることになります。

次に「今日から一緒に勉強して、生活していく仲間の名前を覚えるために座席表を作成しましょう」と活動内容を伝えます。

「名前を伝える際に、自分の好きな食べ物を1つ紹介しましょう」など具体的な活動を指定したほうが、子どもにとっては活動しやすいものとなります。そして、「最低5人の座席を埋めましょう」「自分と同じ列の人の座席は全員埋めましょう」など、目標の提示も有効です。

さらに、クラス担任もその活動に参加することが重要です。「先生は指示する存在で、子どもはやらされる存在」という構図では、子ども同士の人間関係においても同じ構図が再構築されてしまいがちです。

また、子どもと一緒に活動しながら、事前に情報があった子どもの様子やクラス全体の動きに注意を払っていきます。積極的に活動する子ども、まったく活動しないで座ったままの子どもなど、クラスの子どもたちの様子を把握する大切な機会となります。

活動が終了し、子どもたちが席に着いたら、何人分の座席が埋まったか確認してこの活動の振り返りを行いましょう。最後に、「埋まらなかった座席は、次の授業が始まる前に埋めておきましょう」と課題を与えて次の授業につなげます。

この活動を通じて、人間関係をつくっていく上で最低限守ってほしいルールを伝えていくことも重要になってきます。

『インタビューシート』
お互いを知るための取り組み

次に、新年度が始まって間もないころに行うのに適した内容で、「愛・所属の欲求」と「楽しみの欲求」を満たすアクティビティを紹介します。

インタビューすることで、お互いの上質世界を知るアクティビティです。上質

世界とは、それぞれが大切にしたい「ヒト・モノ・コト・考え方」です。上質世界を話すことは自己開示につながります。話した内容を相手に聞き入れてもらうことは、自分がこのクラスの友達から「承認されたい」という欲求を満たすことにつながります。お互いが上質世界を承認することによって、一人一人がクラスの一員であるという「愛・所属の欲求」を満たすことにつながります。

　このアクティビティを行う上で大切なことは、上質世界は必ずしも人と一緒ではないということです。例えば「あこがれの人はどんな人ですか」とインタビューしたとき、自分の上質世界に入っているものとまったく違った答えが返ってくることがあります。そのときにその答えを受容する態度を持つことの大切さをアクティビティの前に伝えましょう。担任が見本を示すこともよいでしょう。

　上質世界を伝えるときに、「なぜ大切なのか」「なぜ好きなのか」、理由を伝えると相手の理解につながります。ここが大切なポイントです。クラスが集団として機能するためには、お互いの違いを認め合うことが基本になります。これからの学級経営では多様性のある集団づくりが求められ、そしてそのような集団の中でこそ、子ども一人一人の個性が育まれていくと考えます。

　「インタビューシート」のアクティビティを行う上で注意したいことは、参加できない子どもへの働きかけです。インタビューを始めてもずっと席に座ったまま、壁際に立って誰とも話そうとしない子どもがいます。このような子どもたちこそ、このアクティビティでアプローチしたい子どもです。

　その対応としては、インタビューする項目を複数にして、多くの子どもと話す機会を設定することも有効な手段です。そうすることで、活発な子どもが参加できていない子どもに積極的にかかわるきっかけになります。また、教員がかかわることもよいでしょう。

　参加できない子どもは自己開示への抵抗感がありますが、実は「愛・所属の欲求」も高まっています。活動に参加することで、クラスの一員である意識を持つことができ、自己肯定感が高まります。アクティビティの中で一人も孤立した子がいないように配慮することがアクティブラーニングを行う上で重要です。

『実りの木』
クラスの目標づくり

　子どもたちにとって、1年間一緒に学校生活を送る仲間たちと、共通の目標を持つことも重要です。社会生活を営む上で、自分が所属する集団（学校、会社、地域など）がどのような特性を持っているのかを知り、何を目標としているのかを自覚することはとても重要な課題となります。青年期の発達課題「その集団の中で自分自身が有用な存在であるという確信」への第一歩となります。

　アクティビティ「実りの木」はクラスの目標づくりをするものです。それぞれの1年間の個人目標を考え、果実に見立てた紙（ここでは、リンゴを使用）に書き込みます。

　個人目標を考えるときのポイントは指導案にまとめましたが、「簡単にできる」「達成できる」「すぐに始められる」「やめ

るより、するプラン」などがあります。目標を考える前にポイントを提示して、教員が見本となる目標を示すことが有効となります。

次のステップは、クラスの目標をつくることです。クラスの目標を立てる過程で全員が参加した意識を持つために、一人一人が考えた自分の目標（果実）を持ち寄ります。そして、書かれた内容によって分類していきます。模造紙を何枚か張り合わせた紙の上で、子ども同士が話し合って分類するようにしましょう。その過程の中でいろいろな目標があることに気づき、その違いを認める際に上質世界をインタビューするアクティビティの経験が生きてきます。

分類されたものがどのような目標であるかを確認し、それをもとにしてクラスの目標を考えていきますが、これも子どもたちの話し合いでまとめていくことが重要です。話を進める子どもが出てこない場合は、教員が子どもの意見を引き出しながら、クラスの子どもの思いが反映されたクラス目標をつくっていきます。

そして、模造紙に果実の木の幹を大きく太く書き、そこにクラス目標を書き込みます。幹から木の枝を伸ばし、そこに一人一人の個人目標が書かれたリンゴを貼り付けていきます。

その模造紙は教室の壁に貼り、いつでも見えるようにします。子どもたちはリンゴの木を見ることで、自分の目標、仲間の目標、クラスの目標を日々見ながら学校生活を送り、自分の活動を振り返るきっかけとなります。

クラスの中での確かな所属感

最初の3日間で友達関係づくりを行うと、時間の経過とともに子ども同士の良好な人間関係が構築されていきます。5月ごろには、ほとんどの子どもに友達ができていることでしょう。趣味を通じて仲良くなる子ども、部活動の中で仲間をつくる子ども、ゲームを通じて仲良くなる子どもとさまざまですが、学校の中に自分の居場所を見つけられるようになっていきます。

次の段階として、「学校という集団の中で、自分が有用な存在であるという確信」、この感覚が持てるようになる仕組みを、入学後3か月でつくることが重要となります。

この足がかりとなるのが、みんなでつくったクラスの目標（実りの木）となります。自分が行っていることが、クラスの目標に沿っていることであれば、「自分の存在が有用であるという思い」または「周りからの承認といった感覚」につながっていきます。この道程を踏むことが青年期のアイデンティティを確立するための最終目標といってもよいでしょう。

第3章　自他の違いを知る　35

学校生活への思い

　　　　　　　　　　　　　　　　年　　組　　番　名前

学校生活への思い
【やってみたいこと】

【頑張りたいこと】

【心配なこと】

座　席　表　　　　　（自分の席に ★ 印をマークする）

名前		名前		名前		名前		名前		名前	
好物		好物		好物		好物		好物		好物	

名前		名前		名前		名前		名前		名前	
好物		好物		好物		好物		好物		好物	

名前		名前		名前		名前		名前		名前	
好物		好物		好物		好物		好物		好物	

インタビューシート（自分用）

年　　　組　　　番　　名前

「内容」の枠に、内容を記載します。　　　＊ない場合は、「なし」と書いてもかまいません。
「どこが？　どうして？」の枠に、どうしてその内容を選んだのか、その内容のどこがいいのか書きます。　　　＊血液型と誕生月は、「どこが？　どうして？」の記入は不要です。

項目	血液型	誕生月	好きな季節	好きなTV番組
内容				
どこが？どうして？				
項目	好きなお菓子	自分の好きなところ	好きな漫画	好きな有名人
内容				
どこが？どうして？				
項目	好きなお店	好きな飲み物	嫌いな野菜	好きなスポーツ
内容				
どこが？どうして？				
項目	好きな動物	好きな天気	行ってみたい国	好きな漢字1文字
内容				
どこが？どうして？				

第3章　自他の違いを知る

インタビューシート（情報交換用）

年　　　組　　　番　名前

「名前」の枠に、インタビューした相手の名前またはニックネームを書きます。
「内容」「どこが？　どうして？」の枠に、インタビューした人の内容と、どうしてその内容を選んだのか、その内容のどこがいいのか書きます。＊ない場合は、「なし」と書いてもかまいません。

項目	血液型	誕生月	好きな季節	好きなＴＶ番組
名前				
内容				
どこが？どうして？				
項目	好きなお菓子	自分の好きなところ	好きな漫画	好きな有名人
名前				
内容				
どこが？どうして？				
項目	好きなお店	好きな飲み物	嫌いな野菜	好きなスポーツ
名前				
内容				
どこが？どうして？				
項目	好きな動物	好きな天気	行ってみたい国	好きな漢字１文字
名前				
内容				
どこが？どうして？				

学習指導案

1. **活動名** 新しいクラスでの「座席表づくり」
2. **教　材** ワークシート「学校生活への思い」「座席表」、振り返りシート
3. **本時の目標**

    情報交換しながら座席表を作成することで、同じクラスになった人との人間関係の第一歩を築くとともに、クラスのメンバーとしての仲間意識を育む。
4. **キーワード** 安心、居心地、居場所、愛・所属の欲求
5. **指導計画**

時間	学習活動	主な発問等	指導上の留意点 ☆児童・生徒への個別支援	評価の観点
10分	0．本時の目標・活動についての説明（振り返りシートを使って、本時のねらいを確認） 1．教員の自己紹介	・今日は、学校生活への思いを書いたあと、一緒に生活していく仲間の名前を早く覚えるために、クラスの座席表をつくります。 ・教員自身が子どものとき、初めてのクラスで感じたこと、友達との出会い、友達の大切さ等の話をする。	・教員が自分自身の体験談や現在の思い（やってみたいこと、頑張りたいこと、心配なこと）を話すことによって、子どもたちも教員に対して親近感と安心感を持つことができる。	・本時のねらいに関心・意欲を持って取り組もうとしているか
15分	2．学校生活への思いを文章で表す	・学校生活への思い、やってみたいことや頑張りたいこと、心配なことを、ワークシート「学校生活への思い」に書いてみましょう。	・ワークシート「学校生活への思い」を配付。 ☆心配に思っていることがあれば書くように促す。	・学校生活への思いを文章で表現できているか
15分	3．座席表づくり	・それでは、座席表をつくりましょう。 ・自由に移動してよいので、10分間になるべく多くの人と話をして座席表を埋めてみましょう。	・ワークシート「座席表」を配付。名前は丁寧に聞くように伝える。 ☆教員も一緒に活動し、一人でいる子どもには積極的に声をかける。	・積極的に活動に参加できているか
10分	4．まとめ ・振り返りシートの記入	・座席表に書かれた友達の名前をもう一度見てみよう。これから一緒に勉強していく大切な仲間ですね。	・「座席表」を作成することによって、この教室が自分の居場所であるという意識を持てるようにする。	・仲間意識を持つことができたか ・本時の学びを日常生活に活かそうとしているか

学習指導案

1. 活動名　お互いを知ろう
2. 教　材　インタビューシート（自分用・情報交換用）、振り返りシート
3. 本時の目標
    自分と他者の上質世界を知ることで、お互いを理解し合う。
4. キーワード　上質世界、自己理解、他者理解、愛・所属の欲求、楽しみの欲求
5. 指導計画

時間(分)	学習活動	主な発問等	指導上の留意点 ☆児童・生徒への個別支援	評価の観点
5分	0．本時の目標・活動についての説明（振り返りシートを使って、本時のねらいを確認）	・今日は自分と友達が何に興味があるかを知ることで、お互いの理解を深めましょう。	・自分やクラスメートへの興味・関心が湧くような投げかけをする。 ・「楽しみの欲求」が満たせるように、くつろいだ場の設定を心がける。	・本時のねらいに関心・意欲を持って取り組もうとしているか
15分	1．自分自身の上質世界を知る	・インタビューシート（自分用）を作成しましょう。	・すべての枠を埋めるように促す。 ・質問の答えが、実は自分の上質世界であることに触れてもよい。 ☆記入できない子どもには、柔軟に考えられるよう個別に声をかける。	・自分を見つめ、自分のことを理解しようとしているか
20分	2．クラス全体でのインタビュー	・インタビューシート（情報交換用）の同じ項目が空いている人を探し、その項目について、お互いにインタビューをして、その内容を記入してください。すべての項目が埋まるように、たくさんの人と情報交換をしてください。	・相手の答えを尊重し、丁寧に聞き取るよう促す。 ・競争ではなく、ねらいは情報交換であることにも留意する。 ☆インタビュー活動に入れない子どもには、活動を促したり、教員自身が情報交換の相手になったりするとよい。	・積極的にインタビューに取り組んでいるか ・他者を理解しようとしているか
10分	3．まとめ ・振り返りシートの記入	・今日の活動を通して、自分や友達について新たな発見や気づきがありましたか。	・落ち着いて振り返りができるように環境を整える。 ・活動を振り返ることで、今日の学びを今後の日常生活に活かそうと意識できるような投げかけをする。	・自分自身や他者への理解を深めることができたか ・本時の学びを日常生活に活かそうとしているか

学習指導案

1. **活動名** クラスの目標づくり（実りの木）
2. **教　材** 果実（リンゴなど）に見立てた紙、模造紙、マジックペン、両面テープ、振り返りシート
3. **本時の目標** 自らの目標を立てるとともにクラス目標をつくることで、クラスへの所属意識を育む。
4. **キーワード** 学級集団、目標、愛・所属の欲求
5. **指導計画**

時間（分）	学習活動	主な発問等	指導上の留意点 ☆児童・生徒への個別支援	評価の観点
5分	0．本時の目標・活動についての説明（振り返りシートを使って、本時のねらいを確認）	・今日はこのクラスの1年間の目標を考えましょう。その前に、まず自分の目標を立てることから始めましょう。	・自分の目標を立てることの意味や大切さを理解できるような投げかけをする。	・本時のねらいに関心・意欲を持って取り組もうとしているか
10分	1．リンゴ（果実に見立てた紙）に各自の目標を記入する	・自分の目標を1つに絞って、リンゴに書きましょう。 ・目標設定の留意点は…… ①具体的であること ②実現できること ③日々意識できること ④到達できたことが確認できること ⑤他人との比較でないこと	・あとで見せ合うことをあらかじめ伝えておく。 ☆書きあぐねている子どもには、個別に相談に乗る。	・自分の目標を考えて表現することができたか ・具体的な目標となっているか
15分	2．模造紙上に、各自の目標を持ち寄り、似た内容の目標を集めて分類する（グルーピングとラベリング）	・それぞれ目標を書き込んだリンゴを、中央の机に持ってきてください。 ・クラスの仲間がどんな目標を立てたか見てみましょう。 ・内容が似ている目標を集め、それをまとめた表現を考えてみましょう。	・全体のリード役が子どもたちの中から出てくるように配慮する。 ・分類したものがどのような特徴を持っているかを考えてみる。 ・ラベリングの際には、進み具合を見て、適宜助言する。	・他の人の目標に関心を持つことができたか ・クラスの仲間と協力して取り組めているか
10分	3．分類した目標からクラスの目標を考える（クラス目標を木の幹に書き、掲示する）	・分類された目標をもとにクラスの目標を決めたいと思います。 ・話し合いをリードしてくれる人はいますか。 ・では、○○さんのリードで話し合いをしてください。	・子どもたち同士の話し合いができるように声かけをする。 ・クラス目標はみんなが日々意識できる内容が望ましいことを伝える。	・話し合いに積極的に参加しているか
10分	4．まとめ ・振り返りシートの記入	・みなさんの力で、クラスの目標が決まりましたね。	・みんなでつくった目標という意識を持ち、達成に向け日々努力するように促す。	・本時の学びを日常生活に活かそうとしているか

2 自分を知ろう
自己肯定感を高めるには

自分を肯定できない子どもたち

先生　みんなは自分のことどう思ってる？
子A　たいした人間じゃないよ。
子B　嫌い。どうせ私なんかダメだし……。
子C　もっと頭がよかったらと思う。
子D　親はああしろ、こうしろって言うけど、無理だし……。
先生　みんなそれぞれ、良い面をいっぱい持ってると思うけどな。
子B　がんばってもたかがしれてるよね。
子C　生まれつき頭のいいやつがうらやましいよ。

子どもたちはそれぞれ良い面をたくさん持っていますが、自分自身ではそれがわからず、自己肯定感がたいへん低い状態の子どもが多いことに驚かされます。

自分を否定的にとらえていると、「どうせ何をしてもダメだ」「誰も認めてくれない」「やっても無駄」と考え、やる気を失い、消極的になり、何もしなくなってしまいます。そしてその結果、ますます自分自身を否定的に見るという負のスパイラル状態に陥ってしまいがちです。

これは何とももったいないことでしょう。自分には「こんな良い面がある」「素晴らしいところがある」「こんなに価値がある」ということを本人が認識できれば、もっともっと前向きに考えて、行動できるようになるのではないでしょうか。

この授業のねらいは「自分自身のよさに気づくこと、良さを探すこと、そして自分に自信を持つこと」にあります。

肯定的なイメージの言葉に言い換える

ワークシート（44〜45頁）をご覧ください。

「1．言葉のリフレーミング（言い換え）」では、「否定的なイメージの言葉」を「肯定的なイメージの言葉」に言い換えるトレーニングをします。例えば「あきっぽい」という表現は、「いろいろなことに興味がある」「好奇心が旺盛だ」と表現すると肯定的に感じられます。

このように物事を一面だけでなく、違う方向から、違う視点で見ることによって、とらえ方、感じ方も違ってきます。

次に、「2．自分の特徴」では、自分の短所だと思うことをあげ、子ども同士でそれをリフレーミングし合います。自分が否定的に考えていたことが、仲間によって「そんなことないよ、私はこんなふ

うにプラスに感じるよ」と肯定的に受け止められ、表現されます。

　このことによって、「そうか自分はこれまで否定的に考えていたけど、こう考えれば別に悪いことではないんだ」「見方を変えればこれはいいことなのかもしれない」と感じることができます。仲間の発言をきっかけとして、自分で意識的に自分自身を肯定的にとらえることができるようになる。これは「力の欲求」を満たすことにつながります。

　さらに、逆の立場に立てば、仲間が否定的に考えていることを、「そんなことないよ。あなたはそう思っているかもしれないけれど、こう考えればこんな良い面もあるよ」「でも、別な見方をすれば、それはあなたの長所だよ」というように、良い面をとらえようとすることになります。これは日常生活においても、自分の一方的な見方だけでまわりの人間をとらえることで生じる誤解や摩擦を避け、良い人間関係をつくっていくことにもつながっていきます。

　選択理論では、私たちのまわりに存在しているものを認識したり、価値づけするしくみを、「知覚のシステム」と呼んでいます。知覚のシステムは固定的なものではありません。意識的にトレーニングすることで、これまで否定的にとらえていたことも肯定的にとらえることができるようになります。その結果、まわりの人とも良い関係性を保つことができる可能性が拡がります。

　授業では、続いて自分の長所を考えてもらいます。前段階で短所としてあげられていたことが、リフレーミングされて長所にあがってくるという現象も見られるでしょう。仲間同士で、長所を指摘し合う光景は、なんとも心温まるものです。

　自分の性格、個性を卑下することなく、むしろ肯定的にとらえてほしい。自分が持っている良さを認識し、自信を持ってさまざまなことに取り組んでほしいと思います。

自信を持って何かに取り組もう

　実際の授業では、この時間に芽生えた小さな自信をもとに、自分の願望や選択理論における上質世界（基本的欲求を満たす具体的なヒト・モノ・コト・考え方など）にスポットを当て、それを日常生活の中で行動に結びつけるために「チャレンジリスト」の作成を行いました。

　チャレンジリストの作成では、まず付箋に、「今、自分がやりたいと思っていること」「挑戦したいと思っていること」を書いていきます。

　「何をしているときが楽しい？」
　「友達とどんなかかわりを持ちたい？」
　「何ができたらうれしい？」
　「１年後どうなっていたい？　３年後は？」
などと問いかけることで、子どもたちの思考とイマジネーションを豊かにします。そして自分にとっての重要度を縦軸に、実行の難易度を横軸にとったワークシートに付箋を貼っていきます。

　できあがったチャレンジリストを見ると、自分の上質世界や「何を望んでいるか」「どうしたいと思っているか」が一目瞭然です。最後に、１枚の付箋を選び、「私はこれに取り組みます」と宣言してもらいます。

自分を知ろう

　　　　　　　　　　　　　　　　　　年　　組　　番　名前

1. 言葉のリフレーミング（言い換え）

◇人の性格を表す言葉のうち、否定的にとらえられることの多いものをあげてみました。
　これらを、肯定的な表現に言い換えるとすると、どうなるでしょうか？

特徴	肯定的に表現してみよう！	
	ひとりで	グループで
① あきっぽい		
② 暗い		
③ うるさい		
④ 好き嫌いがはげしい		
⑤ 感情が態度や顔に出る		
⑥ きまじめ		
⑦ わがまま		
⑧ マイナス思考		
⑨ キレやすい		
⑩ 頑固		
⑪ のんびりしている		
⑫ せっかち		

◇言い換えをしたり、グループで話し合ったりして、どんな感想を持ちましたか？

2．自分の特徴

◇自分の短所だと思うことを、3つだけあげてみてください。

◇グループで、それをお互いにリフレーミング（言い換え）してみましょう。

自分の短所	リフレーミング
①	
②	
③	

◇どんな感想を持ちましたか？

[　　　　　　　　　　　　　　　　　　　　　　　　　　　　　　　　　　]

◇自分の長所をできるだけたくさんあげてみてください。

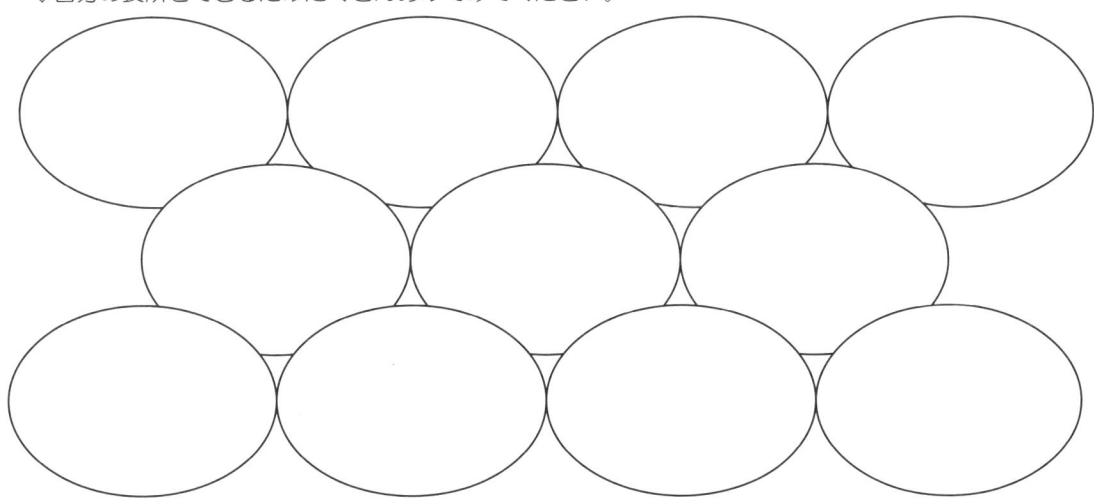

3．まとめ

◇今まで気づかなかった、どんな自分を発見することができましたか。

[　　　　　　　　　　　　　　　　　　　　　　　　　　　　　　　　　　]

第3章　自他の違いを知る

学習指導案

1. 活動名　自分を知ろう
2. 教　材　ワークシート「自分を知ろう」、振り返りシート
3. 本時の目標
   ・ものごとをいろいろな視点から見ることで、自分や他者の新たな面を発見したり、自分や他者を肯定的にとらえられるようになり、自己肯定感を高めることができるようになる。
4. キーワード　自分を知る、自己肯定感、リフレーミング、力の欲求
5. 指導計画

時間	学習活動	主な発問等	指導上の留意点 ☆児童・生徒への個別支援	評価の観点
5分	0．本時の目標・活動についての説明 （振り返りシートを使って、本時のねらいを確認）	・皆さんは自分のことをどう思っているのでしょうか。 ・自分のどんなところを大切にしたい、また、人から大切にされたいと思っていますか。	・自分のことを肯定的にとらえていないこと、また、実は自分のことがよくわかっていないということに気づくようにする。	・本時のねらいに関心・意欲を持って取り組もうとしているか
15分	1．言葉のリフレーミング ・否定的なイメージの言葉を、肯定的なイメージの言葉にリフレーミングする。 ・最初は自分1人で、次にグループで、またはクラス全体でその結果を共有する。 ・このワークを通して感じたことを書く。 ・何人かに発表してもらう。	・例えば、「あの人は、あきっぽい人だ」と言うと、どんな印象を持ちますか。「あきっぽい」人はどんな特徴があるのでしょうか。また、具体的にはどんな行動をとっているのでしょうか。 ・その行動や特徴を別な言い方、肯定的な言い方で表現することはできますか。 ・その言葉で表現すると、どんな印象になりますか。 ・このように、別な視点、別な枠組みでとらえ直すことをリフレーミングと言います。 ・この活動を通して、何か気づいたことはありますか。 ・一見、否定的にとらえてしまいがちなことも、別な視点で見ることによって、違ったとらえ方ができますね。	・子どもの思考が柔軟になるように、最初に2、3例を、全体でリフレーミングしてみる。 ・リフレーミングはできるだけたくさんあげてもらう。 ・他者の発言で、なるほどと思うものがあれば、積極的にメモするように促す。 ・ネガティブなことも、見方を変えるとポジティブにとらえることができる。特定の面からだけでなく、別な角度から見ると、違った面が見えてくることに気づいてもらう。 ☆肯定的な言い換えが難しい子どもは、個別に声かけをする。	・否定的な表現を別な視点から見て、創造的に思考することができているか ・否定的なことを、肯定的に表現することができているか ・グループで協同して取り組むことができているか

20分	2．自分の特徴 ・自分の短所と認識していることを、3つあげる。 ・グループでそれを共有し、お互いにリフレーミングし合う。 ・このワークを通して感じたことを書く。何人かに発表してもらう。 ・自分の長所をできるだけたくさんあげる。	・自分の短所、欠点だと思っていることを3つ、あげてみてください。 ・グループでそれを見せ合い、さきほどと同じように、お互いにリフレーミングしてみましょう。できるだけたくさんあげてください。 ・他の人の短所をリフレーミングすること、自分の短所をリフレーミングしてもらったことを通して何か気づいたことはありますか。 ・今度は自分の長所をできるだけたくさんあげてください。まわりで困っている人がいたら、グループで助けてあげてください。	・他の人の短所をできるだけたくさんリフレーミングするよう促す。 ・困っているチームを支援する。 ・これまで短所だと思っていたことが、見方を変えれば長所だととらえることができることに気づいてもらう。これも含めて、自分の長所に注意を向けてもらう。 ・長所がなかなか出ない場合は、チームでお互いに長所を指摘し合うよう促す。 ☆自分の長所をあげられない子どもには、短所のリフレーミングに目を向けてもらったり、日頃の様子からこんな面もあるよと指摘するとよい。	・自分の短所、欠点を客観的にとらえ、さらにそれを肯定的にとらえ直すことができているか ・他者の短所、欠点を肯定的にとらえ、表現することができているか ・自分の長所を客観的にとらえることができているか ・グループで協同して取り組むことができているか
10分	3．まとめ ・振り返りシートの記入 ・振り返りシートに書いた内容を、何人かに発表してもらう	・自分のことって、実はなかなかわからないですね。今日の授業を通して新たな自分を発見することができましたか。 ・この授業を通して、何か気づいたことはありますか。 ・これからの生活に何か活かせることはありますか。 ・他の人の発表を聞いて気づいたこともメモしておくといいですね。	・自分自身の新たな面に気づくことができたか。 ・他の人に対しても柔軟にとらえることができるか。 ・この授業を通して気づいたことや感じたことを全体で共有する。 ・自分のことを認識したり、他者の良い面を承認することが、より良い人間関係につながることに気づいてもらう。 ・日常生活に活かすという視点を持てるようにする。	・自分自身への理解を深めることができているか ・視点を変えることで柔軟なものの見方、とらえ方ができているか ・本時の学びを日常生活に活かそうとしているか

第3章 自他の違いを知る　47

③ 感じ方って、人それぞれ
違いを知ってトラブル回避

「自分はそんなつもりで言ったのではないのに、相手に誤解されて険悪な雰囲気になってしまった……」

トラブルを起こした子どもに原因を聞いたところ、こんな答えが返ってくることはありませんか。その子の語彙力・表現力の乏しさもあるかもしれませんが、物事に対する人それぞれのとらえ方・感じ方の違いによって、誤解が生じてしまったということも少なくないのではないでしょうか。

例えば同じ草花を見ても、それを美しいと思う人もいれば、なんとも思わない人もいます。選択理論では、現実に起きている事象などをどうとらえるかは、感覚（いわゆる五感）から知覚のシステムを通して認識すると考えます。

知覚のシステムは、その人が持っている知識や価値によって人それぞれ異なるため、当然、知覚されるものにも違いが生じます。この違いを踏まえた上で、人とかかわっていければ、トラブルを回避できる可能性が拡がります。

この授業は、「感じ方って人それぞれで、違いがあるのだ」ということを知ることで、より良い人間関係を築けるようにしていこうということがねらいです。

感じ方・とらえ方の違いを実感しよう

まずは導入として、一般にだまし絵とかトリックアート・目の錯覚などと呼ばれているような絵を使いました（ルビンの壺や少女に見えたり魔女に見えたりする絵）。これらを見て何に見えるか、どう見えるかなどを問い、人によってそれをどう認識するか、とらえ方に違いがあることに気づいてもらいます。

また、人が生活していく上で、私たちのまわりにはさまざまな事物が存在します。それらを好意的にとらえるか、否定的にとらえるかは、人によってかなりの幅があります。人それぞれ感じ方・とらえ方の違いがあることは当たり前のことだということを実感してもらうために、写真を見てどう感じるか、ワークシートの「1 感じ方、とらえ方の違いを実感しよう」を使って取り組みました。

言葉を絵にしてみよう

次は「知覚の違い（言葉を絵にする）」です。教員が言葉を発し、子どもたちはその言葉から想像したとおりのものを絵

に描いていきます。

　授業では「ブタ」を描いてもらいました。「それでは、ブタを描いてもらいます。耳は三角形、顔は丸い、目は２つ、鼻の穴も２つ、笑っている、足は短い、しっぽも短い」というように条件を１つ１つ言葉で提示していき、この７つの条件以外は各自の判断で描いてもらいます。そしてできあがったブタの絵をまわりの人たちと見せ合い、同じところ・違うところを確認してもらいます。そしてなぜできあがった絵がそれぞれ個人によって違うのかを考えて、ワークシートに記入してもらいます。

　全員が同じ言葉を聞いて描いたブタでも、四本足で立っているブタ、二本足で立っているブタ、しっぽが丸まっているブタ、伸びているブタなど、さまざまなブタが出現します。そして、なぜ違うかを聞いてみると「イメージするブタがそれぞれ違うから」「言葉のとらえ方の違い」などの答えが返ってきました。

　同じ言葉からでも受け取るイメージが異なることがあるとわかると、人と人とがかかわっていく際に、相手の言葉や態度の受け取り方によっては誤解が生じ、トラブルを起こすこともあると納得できるようになります。こうして、他者との違いがあることを前提として、他者と接していくことの大切さを学ぶのです。

とらえ方の違いを認識して対処しよう

　携帯電話やスマートフォンの普及により、メールやＬＩＮＥ、ＳＮＳでの伝達方法が当たり前のようになってきましたが、一方でトラブルも急増しています。

　ワークシートの３では、日常生活で誤解が生じやすい実際の場面である、メールを使ったコミュニケーションを想定し、対処の方法を考えてもらいました。

> 明日みんなでプリクラ撮りに行くんだけど、一緒に行く？
> まぁ、無理だったら行かなくてもいいけど……。

　ある女子が友達に送ったこのメールを見て、送り主は、
①友達に来てほしいと思っている。
②友達に来てほしくないと思っている。

　①、②どちらのメッセージとして受け止めたかを挙手してもらいました。結果はどちらが多くても少なくてもいいのですが、受け取り方にはばらつきが出ます。送り主の意図が誤解される可能性の高いメールであることがわかります。

　そして、「来てほしい」というメッセージを誤解なく伝えるとしたら、どのようなメールになるか書き換え、その内容をまわりの人と共有してもらいました。書き換えたもののいくつかを、みんなの前で発表してもらう方法をとってもいいかもしれません。

*

　「物事に対する感じ方、受け取り方は、人それぞれ違って当たり前」ということを知っているかいないかで、人とのかかわり方が大きく変わります。誤解すること、されることのないつきあい方ができると、おのずと良い関係性をつくることができます。そこをめざしたいものです。

　ここでは人間の五感の中で視覚に焦点を当てましたが、他の感覚でも同様のことが起こります。

感じ方って、人それぞれ

　　　　　　　　　　　　　　　年　　組　　番　名前

1. 感じ方、とらえ方の違いを実感しよう

画　像	どう感じましたか？	他の人の感じ方、とらえ方

◇他の人の感じ方、とらえ方を知ることで、どんな感想を持ちましたか？

〔　　　　　　　　　　　　　　　　　　　　　　　　　　　　　〕

2．知覚の違い（言葉を絵にする）

◇これから説明する内容を絵で表現してみましょう。

◇他の人と絵を見せ合って、内容を比べてみましょう。

| 他の人と共通している（同じ）点 | 他の人と違う点 |

◇同じものを描いた絵でも人によって違いがあるのはなぜでしょうか。その理由を考えてみましょう。

3．知覚の違い（届いたメール）

件名：やっほー

明日みんなでプリクラ撮りに行くんだけど、一緒に行く？
まぁ、無理だったら行かなくてもいいけど…
…。

◇このメールを読んで、あなたは送り主の気持ちに対して、どのような感想を持ちますか。他の人とも話し合ってみましょう。

◇「来てほしい」というメッセージが伝わるようなメールに、書き換えてみましょう。

第3章　自他の違いを知る　51

学習指導案

1. **活動名** 感じ方って、人それぞれ
2. **教　材** ワークシート「感じ方って、人それぞれ」、振り返りシート
3. **本時の目標**
   ・物事をどう知覚するかは、人によって違うことを理解する。知覚の違いを認識したうえで、どのように他者と接すればよいか、どのように対処したらよいかを考える。
4. **キーワード** 感じ方、とらえ方、知覚の違い
5. **指導計画**

時間	学習活動	主な発問等	指導上の留意点 ☆児童・生徒への個別支援	評価の観点
5分	0．本時の目標・活動についての説明（振り返りシートを使って、本時のねらいを確認）	・皆さんはこんな経験はないですか？ 「自分はそんなつもりで言ったのではないのに、相手に誤解されてトラブルになった」 「わかりあえていると思っていたのに、そうではなかった」 ・今日は、このことの原因について考えてみましょう。	・自分の体験に照らして実感できるよう、工夫する。 ・過去の失敗やトラブルになった経験を思い起こしてもらうようにする。	・本時のねらいに関心・意欲を持って取り組もうとしているか
20分	1．見え方、感じ方の違いを認識する。 2．言葉のとらえ方の違いを認識する（その1） ・教員の説明に基づいて絵を描く	（導入として、だまし絵を見せて、何に見えるか尋ねる。） ・ワークシートの「1．感じ方、とらえ方の違いを実感しよう」 ・左の画像を見て、率直な自分の感想を書いてください。 ・ワークシートの「2．知覚の違い（言葉を絵にする）」 ・今から言う言葉どおりにブタの絵を描いてください。耳は三角形、顔は丸い、目は2つ、鼻の穴も2つ、笑っている、足は短い、しっぽも短い。この7つの条件以外は、自分で考えて描いてみましょう。先生への質問は「なし」ですよ。	・何人かに感想を言ってもらい、とらえ方の違いを全体で共有する。 ・絵のうまい・へたは気にしないで、自分の受け取った情報のみで絵を描いてもらう。 ・描き上がるまで人のものを見ないように注意する。 ・質問や相談はしないこととする。 ・あとで見せ合うことを伝えておく。 ☆参加に消極的な子どもにも取り組みに応じて声をかける。	・活動に取り組もうとしているか ・楽しんで、積極的に取り組んでいるか

	・描いた絵を周囲の人と見せ合う。 ・同じ部分、違う部分を確認する。	・描いた絵を隣や前後の人と見せ合い、似ている部分はどんなところか、また違う部分はどんなところかを書き出してみましょう。 ・同じ情報を聞いているのに、人によってなぜ違うブタができあがるのかを考え、書き出してみましょう。 ・では何人かの人に、なぜ違いが出たのかを発表してもらいましょう。	☆参加に消極的な子どもにも取り組みに応じて声をかける。	・周囲の人と意見を交換しながら取り組むことができているか
15分	3．言葉のとらえ方の違いを認識する（その２） ・プリクラ撮影のお誘いのメールの例文を見て、送信者の気持ちを推測する。 ・「来てほしい」というメールに書き換える。	・ワークシートの「3．知覚の違い（届いたメール）」 ・このメールはある女子が友達にプリクラを一緒に撮りに行こうという内容で送ったメールです。この女子は、友達にプリクラ撮影に来てほしかったと思いますか。それとも来てほしくなかったと思いますか？（挙手してもらう） ・友達に「来てほしい」というメールを送りたいとしたら、どのようなメッセージにしたら誤解なく伝わると思いますか。ワークシートに記入してみましょう。 ・何人かの人に発表してもらいましょう。	・来てほしい、来てほしくない両方のおよその人数を見て、次の設問の投げかけにつなげる。 ・取り扱う題材が身近なため、子どもたちの私語や雑談が増える可能性があるので、授業に集中できるように環境を整える。	・活動に取り組もうとしているか ・お互いのとらえ方、感じ方の違いを尊重しようとしているか
10分	4．まとめ ・振り返りシートの記入 ・振り返りシートの内容を、何人かに発表してもらう。	・この授業を通して、何か気づいたことはありますか。 ・これからの生活に、何か活かせることはありますか。	・実生活でも、個人のとらえ方や感じ方の違いによって起こるトラブルが多くあることに気づいてもらう。 ・この授業を通して気づいたことや感じたことを共有する。	・物事のとらえ方や感じ方は、人によって違いがあるということに気づくことができたか ・本時の学びを日常生活に活かそうとしているか

悩める人

「私たちは、愚痴を言ったり、罵ったりすることをやめ、自分の人生を調整している『隠れた正義』の存在を認識し、それに自分の心をしたがわせはじめたときから、真の人間として生きはじめます。

そのときから私たちは、自分の環境の悪さをほかの人たちのせいにするのをやめ、強く気高い思いをめぐらすことに努めつつ、自分自身を強化しはじめます。

環境と戦うことをやめ、それを、自分のより急速な進歩のために、また、自分の隠れた能力や可能性を発見するための場所として、有効に利用しはじめます。」

これは、イギリスの哲学者ジェームズ・アレンの著書『「原因」と「結果」の法則』（サンマーク出版）の中にある一節です。

ところで、アメリカの精神科医ウイリアム・グラッサー博士が提唱した「選択理論心理学」を、学校経営・運営のベースに置いた学校は「グラッサー・クオリティ・スクール」と呼ばれます。

また、この選択理論心理学の考えや振る舞いを身につける方法としては、選択理論心理学に基づくカウンセリング手法である「リアリティセラピー（現実療法）」による「ロールプレイ」に意欲的に取り組むことが有効と言われています。

ロールプレイとは、身近な"悩み"を事例として取り上げ、1人のクライエント役（悩める人）に対して1人または複数のカウンセラー役が応対する、というトレーニング方法です。

このロールプレイを何回も行うと、実にさまざまなことに気づかされます。

例えば、悩みの内容は異なっても、悩んでいる人に共通することがあります。悩んでいる人の話や訴えを聞いていると、必ずと言ってよいほど、自分以外の人間や自分が置かれている環境・状況に対する"文句"と"言い訳"が口をついて出て、自己を正当化する場合が多いのです。

自分は悪くなく、すべては周りの人間が悪い。あるいは、自分はちゃんとしているのに、周りの環境が悪いのですべてがうまくいかない…などというように。

もしかすると、悩んでいる人に文句や言い訳が多いのではなく、文句や言い訳が多い人＝"悩み多き人"と言い換えることができるのかもしれない、と思えるほどです。

このように、文句や言い訳が多い"悩める人"に対して、リアリティセラピーではどう対応していくのでしょうか。

そのアプローチはもちろんケースバイケースですが、基本線としては、「過去と他人は変えられない。変えられるのは未来と自分だけ」という真理に気づいてもらう以外、悩んでいるという状況から脱する近道はないと思われます。

ジェームズ・アレンはまた別の箇所で、「人々の多くは、環境を改善することには、とても意欲的ですが、自分自身を改善することには、ひどく消極的です」とも述べています。

自分を変えたい、という強い思いがあってはじめて、自分を変えるきっかけがつかめるということなのでしょうか。

第4章

自己を見つめる

1 人はいかに行動するか（その1）

5つの「基本的欲求」を知ろう

他者の価値観を受け入れられない子どもたち

　日々子どもたちの姿を見ていると、ついこの前まで仲良しグループだったはずなのに、どうも最近、不協和音が生じているのでは？　と感じることがあります。

　学校生活で起こるさまざまなトラブルの原因をたどっていくと、人間関係を中心として、自分の価値観と他者の価値観とのズレを許容できずに翻弄される子どもたちの姿が浮かび上がってきます。

　良好な人間関係を築くことが苦手な子どもたちは、価値観が違うという認識だけで、お互いを批判したり、拒絶したりといったことを繰り返してしまいがちです。結局、自他の違いを受け入れて人間関係に活かす有効なスキルを身につけないまま、関係性を破綻させてしまう傾向があるようです。

　このような子どもたちには、自己理解、他者理解に有効なツールを提供することが必要なのではないでしょうか。

　そのツールの1つとして役立つのが、選択理論の「基本的欲求」という考え方です。

自他の違いを知る手がかりとしての基本的欲求

　選択理論を提唱したウイリアム・グラッサー博士は、「人は基本的欲求を満たそうとして行動する」と述べています。

　「基本的欲求」には、「愛・所属の欲求」「力の欲求」「自由の欲求」「楽しみの欲求」「生存の欲求」の5つがあり、その強弱は人それぞれ異なります。この欲求の強弱について、自分や他人の傾向をおおまかにとらえることができれば、それをより良い人間関係づくりに活かすことができるでしょう。

　この概念を用いた1回目の授業では、基本的欲求を理解し、子どもたちが自分の欲求の強弱や傾向をとらえること、さ

5つの「基本的欲求」

心理的欲求	愛・所属の欲求……愛し愛されたい、仲間の一員でいたい
	力の欲求……認められたい、達成したい、人の役に立ちたい
	自由の欲求……自分で選びたい、強制されたくない
	楽しみの欲求……自分の好きなことをして、エンジョイしたい
身体的欲求	生存の欲求……食べたり、飲んだり、休んだりしたい

らに人によって違いがあることに気づくことにより、他者理解、ひいては他者との良好な関係づくりに活かす材料を得ることを目指します。

この題材は子どもたちにとって非常に興味深いようで、授業ではまるで心理テストを楽しむ感覚で、集中して設問を読みながら自分の欲求の強弱を確認していく姿が見られます。そして「おれ、『自由の欲求』が強いや」「うわ、『力の欲求』低うっ！」など、驚くほど率直に自分の傾向に対する感想を表明してくれます。

子どもたちのこうした食いつきのよさは、欲求の強弱のアンケート結果をシェアすることにも発展し、子どもたちはおのずと自分とまわりの友人との欲求の傾向の違いを確認することになります。

また、この傾向の違いをさらに掘り下げて、自分、あるいは自分と身近な人が、どの欲求に強い志向があるのかにも、思いをめぐらす子も出てくるでしょう。そうすれば、子どもたちは、身近な人をこれまで許容できなかったのはどうしてなのか、日常生活の中で自分が満たされないと感じる場面があったのはなぜなのか、といったことを分析する手がかりをつかむことができるでしょう。

今回の授業をきっかけに、今まで「あの人があのような行動をするのは許せない」と、感情的に他者を批判してきた子どもたちが、「なるほど、あの人はこの欲求が強いから、あんなことを言ったり、したりするのだな」というように見方を変えることができました。子どもの中に、他者を理解する力、つまり、良好な人間関係を築くスキルが1つ育ったということになると思います。

A子ちゃんたちは、どうしていつも、にぎやかなのかな？困るな…。

もしかしたら「楽しみの欲求」が強い人たちなのかも？

基本的欲求の満たし方を考える

基本的欲求の考え方は、自他の傾向の違いを理解するのに役立つだけでなく、このことを踏まえて各人が欲求を充足させていく手がかりにすることもできます。これは、自分自身の欲求充足に限らず、良好な人間関係を維持・発展する観点から、他人の基本的欲求の充足を邪魔しないようにする視点を持つことにもつながります。

2回目の授業では5つの「基本的欲求」の満たし方について取り上げます。1回目の授業の学習を踏まえた上で、5つの基本的欲求がそれぞれどの程度満たされているかを、簡単な設問を通して把握し、さらに、満たされていない欲求を満たすためにどのようなことができるかを考えるという内容です。いくつかの設問を取り上げて、お互いのアイデアをシェアすることで、さまざまな欲求の満たし方があることに子どもたち自身が気づき、それを少しでも実生活に活かしてもらうことを目指します。

5つの「基本的欲求」を知ろう！

　　　　　　　　　　　　　　　年　　　組　　　番　名前

1．後出しジャンケン体験

◇気分がよかったのはどちらですか？ ○をつけましょう。（後出しで勝ったとき・後出しで負けたとき）

◇後出しで勝つジャンケンと後出しで負けるジャンケンを体験して、気づいたことをまとめましょう。

（　　　　　　　　　　　　　　　　　　　　　　　　　　　　　　）

◇それはなぜかまとめましょう。（　　　　　　）の中にキーワードを記入してみましょう。

> 人には、5つの「基本的欲求」がある。
> ⇒「愛・所属の欲求」「力の欲求」「自由の欲求」「楽しみの欲求」「生存の欲求」
>
> これらが満たされると満足感や安心感が得られ、満たされないと、不満や不安を感じる。
> 「後出しジャンケン」で違和感を覚えたのは、（　力　）の欲求と関連がある。また、この違和感の感じ方には（　個人差　）がある。これは、それぞれの人が持つ欲求の強さに関連している。

2．「基本的欲求の強さについてのアンケート」にトライ

◇右のアンケートで、自分のあてはまるものに○をつけて、その数を数えてみましょう。
また、基本的欲求の説明を踏まえて、A～Eの質問項目がどの欲求を表しているか推測しましょう。

A	愛・所属 の欲求	個
B	力 の欲求	個
C	自　由 の欲求	個
D	楽しみ の欲求	個
E	生　存 の欲求	個

3．まとめ

◇自分と友達の「基本的欲求の強さについてのアンケート」の結果を比べてみましょう。

◇今まで気づかなかった、どんな自分を発見することができましたか。

（　　　　　　　　　　　　　　　　　　　　　　　　　　　　　　）

基本的欲求の強さについてのアンケート

「あてはまる」項目に〇をつけてください。

A	1	近所の人に、自分からあいさつするほうです。	
	2	一人で遊ぶよりも、誰かと一緒に遊びたいタイプです。	
	3	仕事を選ぶとしたら、人と接する仕事を選びます。	
	4	人から嫌われないように気をつけています。	
	5	困ったときには、一人で考えるより、誰かに相談したいほうです。	
	6	初対面の人でも、自分から話しかけることができます。	
	7	友達に誘われたら、断ることが苦手です。	
	8	他人が苦しんでいるのを見ると、助けてあげたい気持ちになります。	
	9	自分の意見より、グループみんなの意見を大切にします。	
	10	友人や知人などは多いほうだと思います。	

〇の数＝[　]個

B	11	計画したことは実行するタイプです。	
	12	自信のないテストは、できれば受験したくありません。	
	13	間違いをあまりしないで、完ぺきをめざすほうです。	
	14	自分が話題の中心でいられるとうれしいです。	
	15	競争するからには、勝ちたい気持ちが強いです。	
	16	自分の力や才能を、まわりの人のために使いたいです。	
	17	どちらかというと、リーダー役になることが多いです。	
	18	夢や目標に向かって、努力したいと思っています。	
	19	反対意見を言われると、とても気になるほうです。	
	20	人の役に立つことができると、とてもうれしいです。	

〇の数＝[　]個

C	21	スケジュールがつまっていると、気持ちが重くなります。	
	22	人の意見にはあまり左右されません。	
	23	自分のやり方やペースで作業や学習ができるときは楽しいです。	
	24	したくないことをさせられるのは、とてもイヤです。	
	25	のんびりする時間も大切だと思います。	
	26	前もって決められていることをするのは、ムダな感じがします。	
	27	自分なりのやり方で課題をこなしたいほうです。	
	28	決められたとおりにしなくてはならないときは、苦痛です。	
	29	安定した生活よりも自由のある生活のほうが重要だと思います。	
	30	深い話のできる友達の数はあまり多いほうではないと思います。	

〇の数＝[　]個

D	31	ものごとに熱中しやすいタイプです。	
	32	笑うことや、お笑い番組は大好きです。	
	33	しなければならないことがあっても、楽しいことをつい先にすることがあります。	
	34	いろいろなことに幅広く興味があります。	
	35	趣味が多いほうだと思います。	
	36	人から変わっていると思われても、あまり気になりません。	
	37	生きていくうえで、「遊び」は必要なことだと思っています。	
	38	調べ物や実験など、探求することが好きです。	
	39	ＣＭや雑誌で見た新商品は、とりあえずチェックしてみたいです。	
	40	新しいことを学ぶのは、楽しいことだと感じます。	

〇の数＝[　]個

E	41	やったことがないことより、慣れていることをするほうが好きです。	
	42	お金は使うよりも、貯めておきたいほうです。	
	43	危険を感じることには、できるだけ近寄りたくありません。	
	44	安定した人生を歩めたらいいなと思います。	
	45	目の前の楽しみよりも、将来の安心のほうが大切だと思います。	
	46	健康に気を配った食事や生活をしています。	
	47	いま必要なことだけを確実に身につけていきたいと思っています。	
	48	適度な運動を心がけています。	
	49	初めての場所は迷わないように、行きに通った道を帰ります。	
	50	スリルやワクワク感よりも、リラックスできる時間を好みます。	

〇の数＝[　]個

5つの「基本的欲求」の満たし方を考えよう！

年　　組　　番　名前 _____

1. 基本的欲求の強さ、充足度をグラフにしてみよう。
   ① 前時で行った、5つの「基本的欲求」の強さの数をグラフにしてみよう。

   ② 次ページの「基本的欲求の充足度のアンケート」を行い、〇の数を確認しよう。

   ③ ②の結果を、合わせてグラフにしてみよう。
   （〇1つにつきメモリ2つ分）

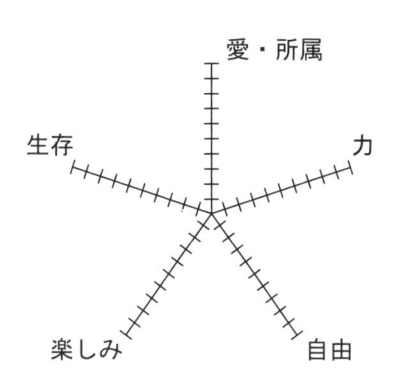

2. 「基本的欲求」の満たし方について考えよう。
   ◇次の3つの項目に〇がつかなかった人のために、どうしたら〇がつくようになるか考えてみましょう。

項　目	〇がつくようになるための具体的な方法
愛・所属の欲求 友達に自分の願いや気持ちを話せる	
力の欲求 難しいことがあっても、すぐにはあきらめない	
楽しみの欲求 1日のうちで、楽しいと感じる時間がある	

3. **本時の振り返り**
   ◇基本的欲求の充足度についてのアンケートで、充足度が低かった項目について、充足度を高めるために自分ができそうなことを考えて、書いてみよう。

項目番号	できそうなこと

基本的欲求の充足度についてのアンケート

		↓「あてはまる」項目に〇をつけてください。	〇の数
愛・所属の欲求	1	自分には仲の良い友達がいる	
	2	友達に自分の願いや気持ちを話せる	
	3	家族に自分の願いや気持ちを話せる	
	4	クラスや学校の中に、自分の居場所があると感じる	
	5	自分にとって、家庭は温かくリラックスできる場所である	
力の欲求	6	自分は、自分が決めたことを実行できている	
	7	誰かに努力や成果を認められている	
	8	難しいことがあっても、すぐにはあきらめない	
	9	自分は人の役に立っていると思う	
	10	自分は人から信頼されている	
楽しみの欲求	11	1日のうちで、楽しいと感じる時間がある	
	12	何をして楽しむか、アイディアを持っている	
	13	自分には、熱中できるものがある	
	14	自分は、いろいろなことに楽しみを見いだせる	
	15	自分は笑うことや笑わせることが好きだ	
自由の欲求	16	何かを選ぶとき、自分の意志で決めている	
	17	自由に過ごせる時間を持っている	
	18	やりたいことを、自分のやり方で行うことができる	
	19	人に指図されることは少ない	
	20	自分のペースを大切にしている	
生存の欲求	21	自分は健康である	
	22	必要な睡眠はとれている	
	23	バランスよく食べている	
	24	疲れはたまっていない	
	25	不安や危険をあまり感じないで生活できている	

学習指導案

1. 活動名　5つの「基本的欲求」を知ろう
2. 教　材　ワークシート「5つの『基本的欲求』を知ろう！」、説明用マグネットシート、振り返りシート
3. 本時の目標
　　5つの「基本的欲求」を知ることで、自分を客観的にとらえられるようになる。これを、他者との良好な人間関係づくりに活かすことができるようになる。
4. キーワード　5つの「基本的欲求」、自己理解、他者理解
5. 指導計画

時間	学習活動	主な発問等	指導上の留意点 ☆児童・生徒への個別支援	評価の観点
5分	0．本時の目標・活動についての説明（振り返りシートを使って、本時のねらいを確認） ・アイスブレイク「後出しジャンケン」	・これから先生とジャンケンをしましょう。 ・ただし、みなさんには、後出しで必ず勝つジャンケンと、必ず負けるジャンケンの2つを体験してもらいます。 ①教員とジャンケン。子どもたちは遅れて勝つものを出す。 ②子どもたちは遅れて負けるものを出す。	・後出しで勝つことは簡単で、楽しく感じることを体験してもらう。 ・後出しでも負けることは難しく、違和感があることを体験してもらう。 ・クラスの状況により、子どもたち同士で実施してもよい。	・本時のねらいに関心・意欲を持って取り組もうとしているか
15分	1．ワークシート「1．後出しジャンケン体験」 ・ワークシートを受け取り、①②のどちらが気分がよかったかを答え、その理由を考える。	・後出しジャンケンはいかがでしたか。 ・体験して気分がよかったのはどちらか、ワークシートに〇をつけてください。 ・勝ったほうが気分がよかったと答えた人が多かったですね。また、負けたときには、違和感を覚えた人が多かったのではないでしょうか。 ・では、なぜそう感じたかをみんなで考えてみましょう。 ・人には、「基本的欲求」があり、これが満たされると、満足感や安心感が得られ、満たされないと不満や不安を感じます。	・後出しで気分がよかったのがどちらのジャンケンだったか〇をつけたあと、子どもたちに答えてもらう。 ・一般的に「勝つ」ほうが、気分がよいことを確認する。また、負けた場合の感じ方についても触れる。 ・クラスの状況により、近くの席の人同士で話し合ってもらう。	・結果について、考察しているか

		・基本的欲求には「愛・所属の欲求」「力の欲求」「自由の欲求」「楽しみの欲求」「生存の欲求」の５つがあります。 ・後出しジャンケンで気分がよかったり、違和感を覚えたりしたのは、「力の欲求」と関連がありそうですね。 ・この感じ方には、「個人差」があります。	・５つの基本的欲求の名前と簡単な説明を書いたマグネットシート等を使い、説明を補完する。 ・快不快などの気持ちは基本的欲求の充足と関連があることを伝える。	・５つの基本的欲求について、理解しようとしているか
20分	2．ワークシート「2.『基本的欲求の強さについてのアンケート』にトライ」 ・「基本的欲求の強さについてのアンケート」のあてはまる箇所に○をつけ、それぞれの数を数える。 ・質問紙のまとまりが表す、基本的欲求を推測する。	・これから、みなさんの基本的欲求の傾向について、分析していきましょう。 ・基本的欲求の強さについてのアンケートの 50 の質問について、あてはまるものに○をつけていきましょう。 ・○が多くついたのは、A〜Eのどの項目でしたか。 ・ではA〜Eそれぞれのまとまりが、５つの基本的欲求のどれにあたるかを一緒に考えていきましょう。	・自分の基本的欲求の傾向を知るための、簡単なアンケートであることを伝える。 ・クラスの状況により、話し合うための場面を設定したあと、基本的欲求の答え合わせをする。	・活動に積極的に取り組もうとしているか ・結果について主体的に考察しようとしているか
10分	3．まとめ ・振り返りシートの記入	・自分とまわりの人たちの結果を比べてみましょう。どんなことがわかりますか。 ・今日は、５つの基本的欲求について学習しました。こういった他人の傾向を知ると、自分やまわりの人たちのことが、より理解できるようになりますね。 ・今日の授業について、気づいたこと、思ったこと、考えたことを「3．まとめ」の欄にまとめましょう。	・クラスの状況に応じて、適宜結果のシェアをし、人により傾向が異なることを確認する。 ・本時のねらいについて触れ、まとめる。	・お互いの気づきを共有しようとしているか ・本時の学びを日常生活に活かそうとしているか

学習指導案

1. 活動名　基本的欲求の満たし方を考えよう
2. 教　材　ワークシート「5つの『基本的欲求』の満たし方を考えよう！」、振り返りシート
3. 本時の目標
    自分の基本的欲求の充足度を大まかにとらえ、充足度の低い欲求の満たし方を具体的に考え、自分の生活に活かすことができるようにする。
4. キーワード　基本的欲求、欲求の充足度
5. 指導計画

時間	学習活動	主な発問等	指導上の留意点 ☆児童・生徒への個別支援	評価の観点
10分	0．本時の目標・活動についての説明（振り返りシートを使って、本時のねらいを確認） ・前時の復習を含む。	・前回学習した、自分の基本的欲求の強さを確認し、ワークシート「5つの『基本的欲求』の満たし方を考えよう！」でグラフにしてみましょう。	・基本的欲求の内容を確認し合えるようにする。 ☆前時、欠席した子どもには、あらかじめ個別対応しておく。	・本時のねらいに関心・意欲を持って取り組もうとしているか
15分	1．基本的欲求の充足度についてのアンケートを行う ・自分の基本的欲求の充足度をグラフに表す。	・今日は皆さんの基本的欲求の充足度について確認していきます。 ・「基本的欲求の充足度についてのアンケート」の各質問について、当てはまるものに○をつけていきましょう。 ・○の数を数えて、ワークシートでグラフにしてみましょう（○1つにつき、メモリ2つ分とする）。	・基本的欲求のとらえ方や充足度は、そのときどきの状況や、自身の成長等によって変化することを伝える。 ・基本的欲求の「強さ」と「充足度」をグラフにする際は、ペンの色を変えるよう指示すると見やすいグラフになる。	・自分を見つめ、自分のことを理解しようとしているか

15分	2. 基本的欲求の満たし方について考える	・ワークシートにあげた3つの項目について、〇がつかなかった人がどのようにしたら〇がつくようになるか、みんなで考えていきましょう。	・できるだけ具体的な方法をあげるようにする。 ・取り上げる項目は、子どもの状況に応じて変えてもよい。 ・「相手を変える」方法ではなく、「自分ができる」方法を考えるように促す。	・具体的な方法を主体的に考察しようとしているか
10分	3. まとめ ・振り返りシートの記入	・基本的欲求の充足度アンケートで、充足度が低かった項目について、充足度を高めるために自分ができそうなことを考えて、書いてみましょう。	・活動を振り返ることで、子どもたちが今後の日常生活に活かすことを意識できるような投げかけをする。	・本日の学びを日常生活に活かそうとしているか

この授業を行うにあたって

・ウイリアム・グラッサーによる5つの「基本的欲求」は、マズローの「欲求5段階説」と異なり、欲求を階層に分けてはいません。

・基本的欲求の充足は、個人の欲求充足に留まらず、良好な人間関係を構築する上で、大変重要な要素となります。詳しくは、第5章4「『幸せ』ってなんだろう？」を参照してください。

・基本的欲求の強さと、充足度アンケートの結果は、異なる尺度によるものですが、子どもたちが双方の結果を視覚的にとらえやすいように、あえて同じ座標軸上にグラフ化してみました。

2 人はいかに行動するか（その2）
「基本的欲求」を満たすために

みんな5つの「基本的欲求」を持っている

前節で解説したように、選択理論では、人は生まれながらに5つの「基本的欲求」（「愛・所属の欲求」「力の欲求」「自由の欲求」「楽しみの欲求」「生存の欲求」）を持っていると考えます。

この5つの基本的欲求がバランスよく満たされていると、人は幸せな状態にあります。また、身近な人との人間関係の良し悪しと、基本的欲求が満たされているかどうかということとは、深く関係しています。

身近な人との関係が良好であれば、「愛・所属の欲求」が満たされている状態にあります。それによってお互いが認め合えるので「力の欲求」も満たされ、自分の想いを伝え納得して行動できるので「自由の欲求」も満たされます。そしてその行動は「楽しみの欲求」も満たすことになります。

このように、それぞれの欲求同士は、相互に密接な関係があることがわかります。

基本的欲求を探り、良好な人間関係へ

選択理論では、人はそれぞれ基本的欲求を満たすために、その時点でその人が最善と思われる行動をとるとされます。それが他者から見ると適切でないことや、結果的に良い結果を招かないこともありますが、その時点では、その人にとって最善の行動であると考えます。

したがって、他者の行動から、「その人が満たそうとした基本的欲求は何だろう」と考えることで、その人への理解を深めることができるでしょう。周りから見ると不可解に見える行動や想定外の行動も、その人がいずれかの欲求を満たすためにとった行動であるととらえれば、その人を多面的に理解し、さらに、その人との良い関係性を築いていくことができるのではないかと思います。こうした視点を養うことを目的として、アクティブラーニング授業を組み立てました。

具体的には、ワークシート1、2で5つの基本的欲求の復習をしたあと、3でみんなが知っている童話や映画などを使って、登場人物の行動と欲求を考えます。登場人物の行動や発言から、その人

物が満たしたい基本的欲求を探っていくのです。

　使用するストーリーは、登場人物が多すぎないもの、登場人物の個性がそれぞれ異なっているもの、長すぎず、多くの子どもが知っているものが適しています。

　実際の授業では、童話「ジャックと豆の木」を取り上げました。物語を朗読したり、寸劇で演じたりした上で、ジャックやその母親、雲の上で出会う巨人やそのおかみさんの行動が、それぞれどの基本的欲求を満たすためのものなのかを考えてもらいました。

　「ジャックが、自分の判断で豆の木を登っていったのは、その先に何があるかを知りたかったのだろう。それはきっと『楽しみの欲求』を満たしたかったのだろう。それに加えて、『自由の欲求』も満たしたかったのかもしれない」「ジャックが、金の卵を産むメンドリを持って帰ってしまったところは、『生存の欲求』や『力の欲求』を満たしたかったのではないか」など、登場人物のさまざまな行動の背景にある５つの基本的欲求を考えてもらいます。さらに、それをグループで意見交換すると、さらに発見が増えることでしょう。

　私たちは、時に他者の行動に対して怒りを感じたり、苛立ちを覚えたりすることがあります。しかし、その人の行動の裏側には、その人なりに満たしたい欲求があるということにまで思いを馳せると、その人に対する見方が変わってくるかもしれません。また、その人が欲求を満たすためのお手伝いができるかもしれません。そして、そうすることで、その人との関係性は確実に良い状態に変化をしていくことでしょう。

自分の行動を振り返る

　次に、自分の行動の背景にある、自分の欲求を見つめ直してみましょう。ワークシート４では、昨日から今日にかけて時間を区切り、自分のとった行動を振り返り、それが５つの基本的欲求のどれを満たそうとしていたのかを考え、それを欲求別に整理してもらいました。自分自身では意識せずにとった行動も、実は５つの基本的欲求のいずれか、もしくは複数の欲求を満たそうとしていたことに気づくでしょう。

　さらに、「やけに『愛・所属の欲求』を満たすための行動ばかりが目立つ、もしかしたら、今、自分は、『愛・所属の欲求』が満たされていないのかもしれない」と、自分の欲求の充足度にも注意が向くかもしれません。また、自分がとっている行動が、その欲求を満たすために効果的かどうか、別な選択肢があるのではないか、ということにも気づくかもしれません。

　このように、自分の行動とその背景にある基本的欲求との関係を探ってみることで、自分自身への理解が深まり、適切な行動がとれるようになっていきます。

　他者の基本的欲求に配慮しながら自分の基本的欲求を上手に満たしていくことで、良い人間関係を築いたり、自分の幸せをつかむ基礎づくりになったりと、この授業では、身近で重要な人との良好な人間関係を築くためのコツを学びます。

「基本的欲求」を人間関係づくりに生かそう！

　　　　　　　　　　　　　　　年　　組　　番　名前

1、人間の行動の源はなんでしょうか。例を参考に考えてみましょう。

＜例＞（　**お腹が空いた**　）　→　ご飯を食べる　→　満足する
（　達成感を得たい　）　→　勉強する　　　→　テストでいい点を取る
（　さびしい　　　　）　→　友達と過ごす　→　安心や心地よさを感じる

人には（　基本的欲求　）があり、これが満たされると満足感や安心感が得られ、満たされないと不満や不安を感じます。そして、人は基本的欲求を満たすために行動をします。逆に、人の行動の背景には、何らかの満たしたい欲求があるわけです。

2、前回の復習をしましょう。欲求の名前を空欄に入れていきましょう。

愛・所属の欲求	愛し愛されたい、仲間の一員でいたいという欲求
力の欲求	認められたい、達成したい、人の役に立ちたいという欲求
自由の欲求	自分で選びたい、強制されたくないという欲求
楽しみの欲求	自分の好きなことをして、エンジョイしたいという欲求
生存の欲求	食べたり、飲んだり、休んだりしたいという欲求

3、物語を聞いて、登場人物の行動の背景にはどのような欲求が関係しているのかを考えてみましょう。また、グループでも話し合ってみましょう。

＜自分の考え＞

登場人物	行動	満たしたい欲求	理由
(例)ジャック	豆の木を登る	楽しみの欲求	雲の上に何があるのか知りたい
		の欲求	
		の欲求	
		の欲求	
		の欲求	
		の欲求	
		の欲求	

<グループでの他のメンバーの考え>

登場人物	行動	満たしたい欲求	理由
		の欲求	
		の欲求	
		の欲求	
		の欲求	
		の欲求	

4、あなたの行動は、どの基本的欲求を満たそうとしたのでしょうか。

欲求	自分の行動
（例）自由の欲求 （例）力の欲求	・昨日、カラオケに誘われたが、のんびりしたかったので断った。 ・来週の試合に備えて、シュートの練習をした。
愛・所属の欲求	・ ・
力の欲求	・ ・
自由の欲求	・ ・
楽しみの欲求	・ ・
生存の欲求	・ ・

5、自分の行動と基本的欲求の関係について、気づいたこと、考えたことを書いてください。

第4章 自己を見つめる 69

学習指導案

1．活動名　「基本的欲求」を人間関係づくりに生かそう
2．教　材　ワークシート「『基本的欲求』を人間関係づくりに生かそう！」、振り返りシート
3．本時の目標
　　・他者の行動や発言から、その源となっているであろう基本的欲求に思いを馳せることにより、他者を多面的に理解し、よりよい人間関係づくりにつなげていく。
　　・自分の行動と基本的欲求との関係を考えることで、自分自身への理解を深める。
4．キーワード　基本的欲求、行動の原動力
5．指導計画

時間	学習活動	主な発問等	指導上の留意点 ☆児童・生徒への個別支援	評価の観点
10分	0．本時の目標・活動についての説明（ワークシートを使って、本時のねらいを確認）	・人の行動の源になっているものは何でしょうか。例を見てください。例えば、「ご飯を食べる」のはなぜですか？ ・この場合は、お腹が空いて何か食べたいという欲求が「ご飯を食べる」という行動の原動力になっています。 ・人の行動の背景には、それぞれ満たしたい欲求があるようですね。	・ワークシートに記入してもらいながら発問をしていく。 ・ワークシートに取り上げた以外の身近な行動例（「音楽を聴く」など）をあげて、基本的欲求との関係を考えてもよい。	・本時のねらいに関心・意欲を持って取り組もうとしているか
	1．前回の復習 ・5つの基本的欲求の復習。	・前回学習した、人が生まれながらにして持っている5つの基本的欲求について復習していきましょう。 ・説明にあてはまる基本的欲求の名前を空欄に記入しましょう。	☆前回の授業を思い出せるような支援をする。	・5つの基本的欲求を理解できているか
20分	2．基本的欲求を探る ・「ジャックと豆の木」の物語を読んで、登場人物の行動の背景	・「ジャックと豆の木」という物語を読みます。この物語に登場してくる人物の行動に注目してください。そして、その行動の背景にある基本的欲求を考えてみてください。	・物語をプリントで配って黙読してもらうほか、教員が朗読したり、子どもたちの協力を得て寸劇をするのも効果的である。 ・ワークシートの3	・登場人物の行動の背景になる基本的欲求を探ろうとしているか

	にある基本的欲求を考える。		であらかじめ、ジャックの例を取り上げて、書き方を理解した上で始める。	
	3．グループでの共有 ・個人で考えたあと、グループで共有する。	・グループで情報交換してみましょう。	・情報交換によって得た新たな考えをメモするように促す。 ☆参加に消極的な子どもに、取り組みに応じて声をかける。	・グループで協同して取り組むことができているか
10分	4．自分の行動を振り返る ・自分の行動とその背景にある満たしたい基本的欲求との関連性を考える。	・次は、自分自身について考えてみましょう。 ・昨日から今日にかけて、自分のとった行動が、5つの基本的欲求のうち、どれを満たそうとしているのか、考えてみてください。 ・そして、それを欲求別に整理してみてください。 ・そこから、何か気づいたこと、考えたことはありますか。	・ワークシートの4の部分を使いながら、直近の自分自身の行動を思い出してもらう。 ・複数の基本的欲求が関係している可能性についても言及する。 ・自分の状況をできるだけ客観的にとらえ、新たな気づきを得られるようにする。 ☆取り組みが難しい子どもには、行動と基本的欲求の関連づけができるよう声かけする。	・自分自身の行動を振り返り、基本的欲求との関係性をとらえようとしているか ・自分自身の行動と満たしたい基本的欲求から、自分自身への理解を深めようとしているか
10分	5．まとめ ・振り返りシートの記入。 ・振り返りシートに書いた内容を何人かに発表してもらう。	・この授業を通して、何か気づいたことはありますか。 ・これからの生活に何か活かせることはありますか。	・基本的欲求が行動の原動力になっていることを理解し、そのことによって、他者および自分自身への理解を深めることの意義を感じてもらう。 ・この授業を通して気づいたことや感じたことを全体で共有する。	・人の行動の背景には、満たしたい基本的欲求があるということを実感できたか ・本時の学びを日常生活に活かそうとしているか

第4章 自己を見つめる 71

3 「心の宝箱」をイメージしよう
大切にしたい自分と相手の願望（上質世界）

自分に自信が持てない子どもたち

「どうせ私なんて」「やっても無駄、無理」……こんな言葉が子どもたちから聞こえます。このようなことを言う子どもは、自分に自信が持てず自己肯定感を高めることができない状態だと考えられます。自分に自信が持てないと、積極的に行動できないばかりか、他人を大切にすることも難しいでしょう。

では、どうすれば自己肯定感を高めることができるのでしょうか。

「心の宝箱」をイメージする

ここで紹介する授業は、自信を持ってもらうきっかけとして、自分の願望を見つめ直す活動を行うものです。自分の願望を把握・理解し、それを手に入れようとすることは、自分に自信をつけるために必要なステップとなります。そのための第一歩として、まず自分の願望を具体的に目に見える形にしてみます。「何が好きなの？」「どんなことを大切に思っているの？」という問いに答えようとすることで、自分の心の中をじっくり見つめ直すことができるのです。

この授業では、「願望」を自分の心の中にある宝箱にたとえます。「心の宝箱」の中には「好きな人」や「物」「考え方」などが大切に取っておかれていて、もしそれを手に入れることができたり、何らかのかかわりを持ったりすると、人は幸せを感じます。

例えば、友人と過ごすととても幸せな気持ちになるというような人の上質世界には、「友人」が入っているのです。このように、選択理論の考え方では、上質世界の中には、これまで学習してきた5つの基本的欲求を満たす具体的な「ヒト・モノ・コト・考え方」が入っているとされています。

そこで、授業では、自分自身の上質世界を知るために、「心の宝箱」をコラージュで表現していきます。そのために、まず基本的欲求の復習をして、その後、具体的な作業に入る前に、教員自身が作成した「心の宝箱」（コラージュ）を例示します。完成イメージが思い浮かばず、間違うことを恐れて活動に入れない子も、これで安心して取り組むことができます。「へー、○○先生って意外と面白い！」「この作家が好きなの、私も一

緒！」などの反響がありました。

　実際の授業では、雑誌やパンフレットなどの写真や絵などを貼り付けたり、キーワードを書いたり、イラストを描いたりして、「心の宝箱」を完成するようにしました。これにより宝箱の中身をよりリアルに感じることができ、だんだんと楽しくなっていきます。雑誌やパンフレットからいろいろな写真を準備しておいたり、絵のうまい子にあらかじめカットを描いてもらっておいたりして、なるべく幅広く写真や絵を用意します。その中から子どもたちが自分で選び、切り抜き、のりで貼っていきます。

　また、自分の宝箱がうまくイメージできない子どものために、ワークシートには宝箱の中身につながる質問を書いておくことも有効でしょう。「最近一番感動したことは？」などの質問に対し、じっくりと考えて答えることで、だんだん自分の願望を自分でとらえられるようになっていきます。

　こうした活動を通して自分の願望を形にしていくと、誰もが笑顔になっていくことに気づきます。自分の本当の願望を見つめ直し、楽しく満ち足りた気分になって、自分を好きになってもらいたいと思います。

　宝箱のコラージュができあがったところで、その１つ１つの絵などがどの基本的欲求を満たすものなのか、結びつけていきます。この作業により、宝箱にある人や物が、自分自身の基本的欲求を満たすものであることが再確認できます。

　最後に、完成したワークシート「私の心の宝箱」をお互いに見せ合います。仲の良い友達が思ってもいなかった趣味を持っていたり、今まで話したことがなかったクラスメイトが実はとても面白そうな人だったり、新たな発見があるものです。そのような感想を付箋に書いて、友人のワークシートに貼り付けていきます。自分のワークシートに貼られた多くの付箋を読んで喜ぶ子どもの姿も見られます。

　子どもたちの感想を一部ご紹介します。
・とても楽しかった。自分は「楽しみの欲求」に関連するものが多かった。
・自分は友達といることや音楽を聴くことが好きなんだと思った。
・活動をしてみて、なんだかわからないけどうれしかった。

　このような活動を通して自分の「心の宝箱」をイメージすることができたら、自分らしさを自分で認めるきっかけになるのではないでしょうか。さらには、友達一人一人が同じように宝箱を持つということにも気づくことができたら、友達の宝箱も大切にしようという気持ちになるでしょう。

　ただし、この活動を行う上で「自分の宝箱は、自分だけのものにしておきたい。誰にも見せたくない」という気持ちにも配慮する必要があります。ワークシートの共有は、子どもたちやクラスの状況にも配慮し、仲の良い友人とだけの共有とするなど、あらかじめどういう範囲で、どこまで共有するかを示した上で、表現できる範囲で表現してもらうようにするといいでしょう。

　アクティブラーニングによる授業を行う場合は、このように「安心・安全な学びの場」を教員が常に意識して提供するということが重要となります。

一人一人に『心の宝箱』がある
『上質世界の輪』

　自分の願望を深く知り、自信を持つことができたところで、一歩進んで、その願望が人それぞれ異なること、そして他者の願望を尊重することが人間関係にとって大切であると実感してほしいと思い、次のようなアクティビティを考えました。

　まず、体を動かして楽しみながら、一人一人の願望の違いが一目でわかるアクティビティ「上質世界の輪」です。

　全体を把握できるくらいの広さの空間を準備して、床に大縄などで大きな輪を設けます。子どもたちには輪の周りに立ってもらいます。最初は教員が、例えば「サッカー」と言います。そして、その言葉が好きな子ども、つまり上質世界に「サッカー」が入っている子どもは、自ら進んで輪の中に入ってもらいます。

　こうすると、一目で、それぞれが「サッカー」を自分の上質世界に入れているのか、いないのかがわかります。子どもたちは、クラスメートの知らなかった一面を知ることで驚きを感じたり興味を持ったりします。サッカーが好きな人もいればアニメが好きな人もいて、それぞれが自分の大切なものを大切に思っているのだということがわかります。

他者の上質世界との接し方
寸劇仕立てのアクティビティ

　次に、他者の上質世界を尊重し、受け入れることの大切さに気づいてもらうためのアクティビティを紹介します。

　まず、台本（79ページ）をご覧ください。人物Aが自分の「好きな物」つまり上質世界の中に入っているものについて会話していますが、人物Bの対応によって、その様子が異なっています。

　教員が演じたり、子どもたちに演じてもらったりして、それぞれについてどう感じたのかを話し合ってもらいます。自分のことを受け入れてもらえていると感じるときは、どのような対応をされたときなのか、言葉や目線、体の様子など、細かい部分にまで目を配って考えてもらいます。

　子どもと教員とが一緒に演じることもできます。その際は、演じる教員の工夫によって、話しかけている子どもに対していろいろな感情を抱いてもらうことが可能でしょう。例えば、いつも自分のことばかり話す人の役をしてみたり、途中で自分の話を割り込ませたり、同じことを繰り返し言ってみたり……。さまざまな対応をすることで、日常の中でよく見られる場面を再現することができます。

　このアクティビティによって、自分が他者の上質世界に対してどんな対応をすれば良好な人間関係を構築できるか、意識的に学ぶことができます。

　上質世界とは「自分らしさの原点になっているもの」と言えます。それを自覚し、また他者から評価されることで、自分自身に自信を持ち、生き生きと過ごせるようになるのではないでしょうか。

　そして、他者の上質世界を尊重することは、他者を尊重することそのものなのです。他者にも自分と同じように「自分らしさ」のもとがあるのだという想像力を持って、他者と接することができるようになってほしいと願っています。

5つの「基本的欲求」

愛・所属の欲求
愛し愛されたい、仲間の一員でいたい

力の欲求
認められたい、達成したい、人の役に立ちたい

自由の欲求
自分で選びたい、強制されたくない

楽しみの欲求
自分の好きなことをして、エンジョイしたい

生存の欲求
食べたり、飲んだり、休んだりしたい

私の心の宝箱

あなたの「心の宝箱」の中身を考えて、キーワードを書いたり、雑誌からの切り抜きを貼ったり、イラストを描いたりしてみよう。

- あっという間に時間が過ぎてしまった、っていうことがある？
- 笑顔でいられるのはどんなとき？
- 自由な時間があったら、どこで何をしたい？
- 最近一番感動したことは？
- だれか一人、有名人に会えるとしたら、だれに会いたい？
- 何をしているときが一番自分らしい？

第4章 自己を見つめる

一人一人の「心の宝箱」

年　　組　　番　名前　　　　　　　　

1　復習

　　上質世界＝（　　　大切にしたいヒト・モノ・コト・考え方　　　）

　自分の上質世界に入っているものをできるだけたくさん書きましょう。

2　アクティビティ【上質世界の輪】

　・長いロープで輪をつくります。
　・誰かが「言葉」を言います。
　　　そのことが好き　→　輪の中に入ってください
　　　そのことが嫌い　→　輪の外に出てください

感じたことや改めて発見したものをメモしましょう

3　寸劇を見て感じたことをメモしてください。

4　寸劇を見て感じたことを、友達と話し合ってください。友達の意見をメモしましょう。

5　自分の上質世界を素直に表現できると思ったのは、相手がどんな態度のときですか。

6　自分の上質世界を言いたくないと思ったのは、相手がどんな態度のときですか。

7　良い人間関係をつくるためには、相手の上質世界に対して、どう接したら良いと思いますか。「上質世界」というキーワードを使って書いてみましょう。

「上質世界の輪」の実施方法

① 教室に大きな輪を準備して、子どもたちに輪の周りに立ってもらう。教室ぐらいの大きさがちょうどよい（1学級で実施する場合は、校庭や体育館だと、広すぎて、お互いの動きを把握できない可能性がある）。

② 言われた「言葉」が、自分の上質世界に入っていれば輪の中に、入っていなければ輪の外に出る。「よーいドン！」というようなかけ声をかけて、競い合ってもよい。

⑤「言葉」の例
　食べ物
　　梅干し、トマト、カレーライス
　スポーツ
　　マラソン、水泳、跳び箱、野球
　趣味
　　読書、歌番組、テレビ、ゲーム
その他、芸能人など、クラス集団を見て、いろいろと考えてみてください。子どもたちに「言葉」を出してもらっても活気が出ます。

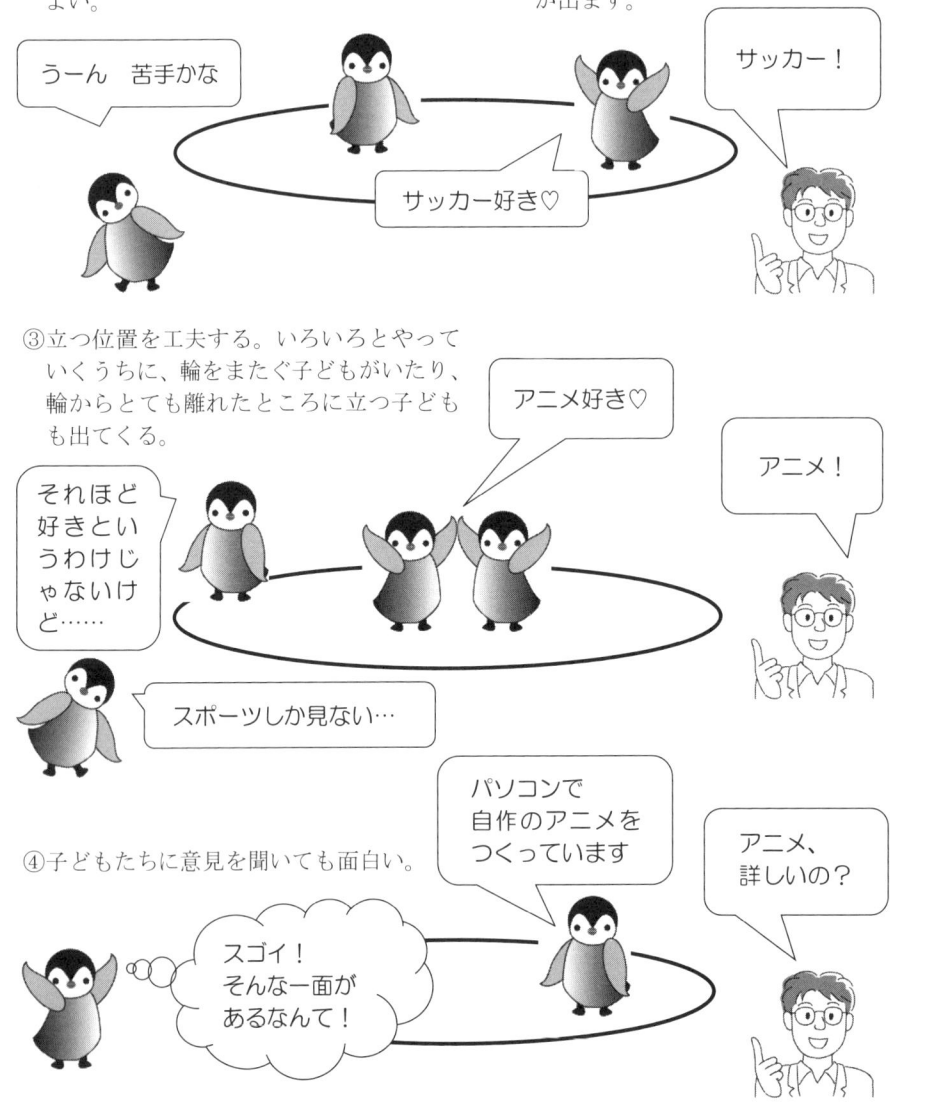

「うーん　苦手かな」
「サッカー好き♡」
「サッカー！」

③ 立つ位置を工夫する。いろいろとやっていくうちに、輪をまたぐ子どもがいたり、輪からとても離れたところに立つ子どもも出てくる。

「それほど好きというわけじゃないけど……」
「アニメ好き♡」
「アニメ！」
「スポーツしか見ない…」

④ 子どもたちに意見を聞いても面白い。

「パソコンで自作のアニメをつくっています」
「アニメ、詳しいの？」
「スゴイ！そんな一面があるなんて！」

寸劇シナリオの例

（1）
　A：私、マンゴーが好きなんだ。
　B：えー、私、嫌い。変なニオイじゃん。（嫌そうな表情）
　A：私、あの甘い香りが好きなんだよね。
　B：えー、ありえない。絶対無理。（嫌そうな表情）

（2）
　A：私、マンゴーが好きなんだ。
　B：次の数学の授業、急にテストやるみたいよ。（相手の話を聞かずに一方的に話す）
　A：私、あの甘い香りが好きなんだよね。
　B：抜き打ちでテストするなんて、最悪だよねー。（相手の話を聞かずに一方的に話す）

（3）
　A：私、マンゴーが好きなんだ。
　B：私も好き。すっごくおいしいよね。（にこにこしながら）
　A：私、あの甘い香りが好きなんだよね。
　B：話していたら、私も急に食べたくなっちゃった。（にこにこしながら）

（4）
　A：私、マンゴーが好きなんだ。
　B：…………。（無関心な様子で）
　A：私、あの甘い香りが好きなんだよね。
　B：…………。（無関心な様子で）

（5）
　A：私、マンゴーが好きなんだ。
　B：そうなんだ。（気のない返事）
　A：私、あの甘い香りが好きなんだよね。
　B：ふーん。ところで、宿題やってきた？（自分が関心のある話題に変える）

学習指導案

1. 活動名　「心の宝箱」をイメージしよう
2. 教　材　＜基本＞ワークシート「私の心の宝箱」、切り抜き用の雑誌・パンフレット・カット集など、のり・はさみ、付箋、振り返りシート
　　　　　＜発展＞ワークシート「一人一人の『心の宝箱』」、長いロープ、振り返りシート
3. 本時の目標
　　自分の上質世界を5つの「基本的欲求」を基に考えることで、自己理解を深める。また、それを他者と共有することによって、お互いの上質世界の違いを知り、尊重し合えるようになる。
4. キーワード　願望、上質世界、基本的欲求、心の宝箱
5. 指導計画　＜基本＞

時間	学習活動	主な発問等	指導上の留意点 ☆児童・生徒への個別支援	評価の観点
5分	0．本時の目標・活動についての説明（振り返りシートを使って、本時のねらいを確認）	・人間には生まれつき持っている5つの「基本的欲求」がありました。どんなものでしたか？	・基本的欲求や友達と自分との違い、第三者の基本的欲求を推測することなど、これまで学習してきたことを思い出す。	・本時のねらいに関心・意欲を持って取り組もうとしているか
20分	1．「心の宝箱」の作成 ・自分の宝箱の中身を考えて、切り抜きを貼ったり、キーワードやイラストを書き入れる	・皆さん一人一人の心の中には、それぞれが大切にしたい「ヒト・モノ・コト・考え方など」がありますね。それらのことを、選択理論では「上質世界」と呼びます。ここでは仮に「心の宝箱」と呼ぶことにしましょう。	・教員の宝箱の例を大きく掲示できるように用意しておくとよい。 ☆取り組みにくい子どもには、自身の願望がイメージできるような声かけをする。 ・表現したくないものは、載せなくてもよいことを伝える。	・自分の願望を知ることで、自分自身への理解を深めようとしているか
5分	2．基本的欲求との関係 ・「心の宝箱」の中身と基本的欲求を線でつなぐ	・皆さんの「心の宝箱」の中にあるものは、5つの基本的欲求と結びついています。関連している基本的欲求と線でつないでみましょう。	・複数の基本的欲求につながってもよいことを伝える。	・上質世界と基本的欲求とのつながりを考え、自分自身への理解を深めようとしているか
10分	3．「心の宝箱」の共有 ・できあがった「心の宝箱」をクラ	・できあがった「心の宝箱」を机の上に置いて自由に見て回り、感想を付箋に書いて貼りましょう。	・大切にしているものを開示しているので、批判的な言動がないよう注意を促す。 ・自分の「心の宝箱」を	・他者のワークシートに表現された「心の宝箱」を尊重

		ス内で共有する	・皆さんは、自分の「心の宝箱」を、他の人からどのように扱ってほしいですか。	どう扱ってほしいか、他者の「心の宝箱」をどう扱ったらよいか、考えてもらう。	しようとしているか
10分	4．まとめ・振り返りシートの記入・振り返りの内容を何人かに発表してもらう		・自分の「心の宝箱」をつくってみて、どのような気分になりましたか。・他の人が、自分の「心の宝箱」を大切に扱ってくれたとき、どんな感じがしましたか。	・最初に提示した教員の例を活用し、人によって宝箱が異なること、宝箱に関して話したり認められたりすると気分がよくなることなどに気づいてもらう。	・本時の学びを日常生活に活かそうとしているか

〈発展〉

時間	学習活動	主な発問等	指導上の留意点 ☆児童・生徒への個別支援	評価の観点
10分	0．本時の目標・活動についての説明（振り返りシートを使って、本時のねらいを確認）	・前回は、一人一人の「心の宝箱」の中身について考えてみました。今回は他の人の「心の宝箱」について考えます。	・前回の学習を踏まえ、他者の「心の宝箱」を尊重することができるようになるという目的を伝える。	・本時のねらいに関心・意欲を持って取り組もうとしているか
15分	1．上質世界の輪・言われた「言葉」に応じて移動する	・私が今から「言葉」を言います。それが自分の上質世界に入っている人は輪の中に、入っていない人は輪の外に移動してください。あまり考えずに直観で動いてください。	・楽しく活動できるよう、クラスではやっているものを取り上げるなど工夫する。・アクティビティの構成員や関係者の話題は避ける。	・自分の願望を知ることで、自分自身への理解を深めようとしているか
15分	3．寸劇を見て他者とのかかわり方を考える	・今から寸劇を演じてもらいます。それぞれの会話はどんな違いがあるか、Aさんの気持ちを考えながら聞いてください。・Aさんがうれしい気持ち、もしくは悲しい気持ちになるのはどんなときですか。	・会話から受ける印象の違いに注意しながら取り組むよう促す。☆困っている子どもには、自分がうれしい気持ちになる対応はどのようなものかを考えるよう促す。	・他者とのかかわり方について、考えようとしているか
10分	4．まとめ・振り返りシートの記入	・他者の上質世界を尊重することの大切さを考えることができましたか。	・活動を振り返ることで、子どもたちが今後の日常生活に活かすことを意識できるような投げかけをする。	・本時の学びを日常生活に活かそうとしているか

４ 知って得する　セルフ・コントロール

嫌な気分への対処法

感情によって行動が左右されている

「イライラしたので窓ガラスを割った」「今日は気分が落ち込んでいるので学校に行かない」など、子どもたちの訴えには感情に重きを置いているものが多いように感じられます。感情によって行動が左右されていると言える状況ではないでしょうか。感情にとらわれてばかりいると、なかなかそこから抜け出せません。

このアクティブラーニング授業では、感情をセルフ・コントロールする方法を身につけることによって、今までよりも毎日の生活がうまくいくことを体感してもらうことをねらいとしています。この学びを通して、感情に左右されるのではなく、自ら行動を選び取っていく力を身につけてほしいと考えています。

『全行動』——４つの要素

選択理論の提唱者ウイリアム・グラッサー博士によると、「人は誰でも自分の基本的欲求を満たそうとして行動している。その行動は『行為』『思考』『感情』『生理反応』という四つの要素からなる。四つの要素は分離できないものと考えて『全行動』ととらえる」としています。それらは右の図のように車にたとえられています。

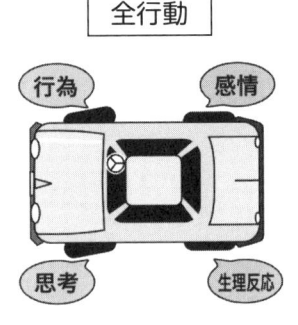

私たちが行動するときには、この四つの要素が同時に働きますが、それぞれは異なる性格を持っています。

【行為】…動作のこと
（例）歩く、走る、笑う、食べる、泣く、本を読む、挨拶をする、拍手する等

【思考】…考えたりイメージすること
（例）旅行の行き先を考える、昨日の夕食を思い出す等

【感情】…気分や気持ち、またその変化
（例）喜怒哀楽、イライラ、憂鬱等

【生理反応】…身体反応のこと
（例）汗が出る、血圧が上がる、だるい、食欲不振、脈拍が速くなる等

感情と生理反応は変えにくい

車の絵では前輪に「行為」と「思考」、

後輪に「感情」と「生理反応」が描かれています。コントロールしやすいのはハンドルの付いている前輪の「行為」と「思考」で、これらをうまくコントロールすることで後輪の「感情」と「生理反応」が変化します。つまり「感情」と「生理反応」は直接コントロールすることは難しいことを示しています。このことを授業では次のようなアクティビティを通して体感してもらいます。

> 手拍子で合図をしたらA〜Eを、自分の意思で試してみよう。
> A：足踏みする
> B：楽しかったことを思い浮かべる
> C：イライラする
> D：隣の人を大好きになる
> E：体温を二度上げる

Aの「行為」とBの「思考」は、自分の意思で比較的容易にできます。しかし、C・Dの「感情」、Eの「生理反応」は自分の意思ですぐにできるものではありません。

このように、全行動の四つの要素には、すぐにできる＝変えやすいものと、すぐにはできない＝変えにくいものがあることがわかります。「感情」や「生理反応」はすぐには変えられないことが理解できれば、「イライラ」や「悲しい気持ち」は、それ自体をすぐに直接変えようとするのは難しいことだと気づきます。

感情をコントロールするには

では、変えにくい「感情」や「生理反応」をどのようにコントロールすればよいのでしょうか。それにはまず、比較的変えやすい「行為」や「思考」を変えてみましょう。ここでは、冒頭の「イライラしたので窓ガラスを割った」という例で考えてみましょう。

> 【行為】窓ガラスを割った
> 【思考】「自分だけが怒られる」「○○のせいで」「悪いのは自分ではない」
> 【感情】イライラする、ムカつく
> 【生理反応】脈が速くなる、顔が赤くなる

このような状態で「感情」や「生理反応」を直接、すぐに変えようとしても難しいですね。しかし「行為」と「思考」ならば、工夫次第で変えられる可能性があります。

> 【行為】深呼吸してみる、窓ガラスでなくパンチングボールを殴る、その場を離れて話のわかる人のところに行く
> 【思考】「別の解決策が見つかった」「全部はうまくいかなかったが、○○はできていた」「失敗は将来に役立つかも」

このように「行為」や「思考」を変えてみれば、それに伴って「感情」や「生理反応」も変化する可能性があります。この学びを通して、今まで自分や他人の「感情」に翻弄されていた子どもも、まずは何をすべきかに気づきやすくなります。

イライラや落ち込みといった感情にとらわれることなく、「今どのように行動したり、考えたりするのが効果的か」「自分が本当に望んでいることは何か」「そのために今の行動や考え方でうまくいくのか」と、自分自身を振り返る力がつけば、自分で行動を選び取っていくことができるでしょう。

第4章 自己を見つめる

知って得するセルフ・コントロール

<u>　年　　　組　　番　氏名　　　　　　</u>

1. コントロールしやすい？　コントロールしにくい？

◇次の1～20の中で、コントロールしやすいものには○を、
　コントロールしにくいものには×をつけてみよう。

1	大声を出す
2	理由を考える
3	気が重い
4	脈が速くなる
5	質問の答えを考える
6	うれしい
7	メールを出す
8	頭が痛くなる
9	熱が出る
10	友達とおしゃべりする

11	心臓がドキドキする
12	がっかりする
13	イライラする
14	音楽を聴く
15	楽しいことを考える
16	汗が出る
17	鳥肌が立つ
18	ワクワクする
19	ゲームをする
20	彼のことは放っておこうと考える

2. 分類してみよう

◇空欄（a）～（d）には**感情・思考・生理反応・行為**のどれが入りますか？
◇また、上の1～20の項目を4つに分類し、番号を書いてみよう。

（**a**　行為　）**やっていること**

1・7・10・14・19

（**c**　感情　）**気持ち・気分**

3・6・12・13・18

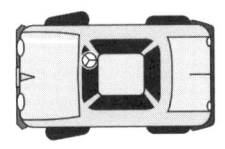

（**b**　思考　）**考えていること**

2・5・15・20

（**d**　生理反応　）**身体の変化・反応**

4・8・9・11・16・17

3. イライラしているときの全行動はどうなっているのか分析してみよう

(**a** 行為) やっていること　　　　(**c** 感情) 気持ち・気分

例：窓ガラスを割る
　　わめく

例：イライラ

(**b** 思考) 考えていること　　　　(**d** 生理反応) 身体の変化・反応

例：自分だけが怒られる
　　誰も自分を理解できない

例：脈拍上昇
　　体温上昇

4. a〜dのうち、コントロールしやすいものは何ですか？
それをどのように変えたらいいでしょうか？

行為　→　その場を離れる、深呼吸する
思考　→　失敗は将来に役立つかもしれないと考える

5. その結果、感情と生理反応にはどんな変化がありますか？

感情　　→　イライラが少し収まってくる
生理反応→　平常に戻ってくる

6. 自分がイライラしているなと感じたとき、あなたはどうしますか？

7. まとめ

◇今日の授業で、一番印象的だったことは何ですか。書いてください。

学習指導案
1．活動名　知って得するセルフ・コントロール
2．教　材　ワークシート「知って得するセルフ・コントロール」、振り返りシート
3．本時の目標
　・全行動には「行為」「思考」「感情」「生理反応」という4つの要素があって、コントロールしやすいものと、直接はコントロールしにくいものがあることを理解する。その中で「行為」と「思考」はコントロールしやすいものであることを理解する。
　・「行為」と「思考」に注目して、幸せになるためのセルフ・コントロールの方法を学ぶ。
4．キーワード　基本的欲求、全行動、行為、思考、感情、生理反応、セルフ・コントロール
5．指導計画

時間	学習活動	主な発問等	指導上の留意点 ☆児童・生徒への個別支援	評価の観点
5分	0．本時の目標・活動についての説明（振り返りシートを使って、本時のねらいを確認）	・最近何か、がっかりしたりイライラしたりしたことがありますか。 ・そんなときは、どんな行動をとっていますか。 ・今日はイライラや落ち込みから抜け出す方法を考えてみましょう。	・対処の方法は1つではないことを伝え、なるべく多くのケースを思い出してもらえるようにうながす。 ・自分とは違う対処方法があることに気づくようにする。	・本時のねらいに関心・意欲を持って取り組もうとしているか ・自分の行動を振り返ることができたか ・周りの人の意見を聞くことができたか
5分	1．コントロールしやすいものと、しにくいものを分けて考える	・イライラや落ち込みは、自分でコントロールできるかな。 ・ワークシートの1の文例で、コントロールできそうなものには○、コントロールしにくいものには×をつけてみましょう。	・最初の2問くらいを皆で考えてから個人で行っていく。 ☆この時点では正確に理解していない子どもも多いので、答え合わせはワークシートの2の活動と一緒に行う。	・活動に積極的に取り組もうとしているか
10分	2．コントロールしやすいものと、しにくいものとを体験し、分類してみよう 3．分類してみよう	・手拍子で合図をしたらA～Eを、自分の意思で試してみよう。A：足踏みする……。 ・先ほどの20の文例について、4つに分類するとどれに当てはまりますか（ワークシートの2）。	・A～Eを板書しておくとよい。 ・自分の意思でやりやすいものと、やりにくいものを体感してもらう。 ・「感情」「生理反応」は理解しにくいので、大まかな分類ができればよい。	・コントロールしやすいものと、しにくいものがあることに気づけたか ・活動に参加し、考えることができているか

10分	4.「全行動」と４つの要素について理解する	・人が行動をするときは、今、分類した「行為」「思考」「感情」「生理反応」という４つの要素が同時にあるので、これを「全行動」と言っています。「全行動」は、このように車にたとえて説明することができます。 ・この絵を見て、どんなことに気づきますか。	・黒板に「全行動」の車の絵を示す（コピーや単純な車の絵を板書）。 ・「行為」と「思考」は前輪で示されていることに気づいてもらう。ハンドルで前輪を動かし、進みたい方向に行ける。つまり自分でコントロールできる。 ・「感情」と「生理反応」は後輪で示され、前輪の動きに引きずられるように動いていくことを理解できるようにする。	・全行動と４つの要素の相互関係が理解できたか
10分	5. イライラの原因と対処方法を考える	・イライラしているときの自分の状態を分析してみよう（ワークシートの３）。 ・この中でコントロールしやすいのはどれですか。 ・「行為」と「思考」を、どのように変えたらいいですか（ワークシートの４）。 ・その結果、「感情」と「生理反応」はどんな変化があると思いますか（ワークシートの５）。	・個人で書いたあと、周りの友達とシェアし、何人かに発表してもらう。 ・「行為」と「思考」を変えることで、「感情」と「生理反応」にも変化が起きてくることに気づいてもらう。	・活動に参加し、考え、取り組むことができているか
10分	6. まとめと振り返り ・振り返りシートの記入	・イライラって「全行動」の分類では何になりますか。 ・イライラって直接コントロールできるのかな。 ・イライラした感情から抜け出すにはどうしたらいいでしょうか。 ・自分がイライラしているなと感じたとき、あなたはどうしますか（ワークシートの６）。	・イライラは「感情」であることを再確認する。 ・イライラは直接コントロールしにくいことを再確認する。 ・他の例として、「眠い」「だるい」「落ち込んでいる」などを取り上げてもよい。	・「全行動」について理解できたか ・セルフ・コントロールする方法を考えることができたか ・本時の学びを日常生活に活かそうとしているか

第４章 自己を見つめる 87

君は心の中の川が見えるか

北海道大学の中島岳志先生が、新聞で次のような文章を書かれていました。

＊

インド北部にアラーハーバードという都市がある。ここはガンジス川とヤムナー川が合流する場所で、ヒンドゥー教の聖地となっている。インドでは、この合流点にもう一本の見えない川が流れ込んでいると言われる。その名はサラスワティー川。ヒンドゥーの古典では最も聖なる川とされ、篤い信仰の対象となってきた。しかし現在のアラーハーバードで、その流れを見ることはできない。

5年程前、私はここの合流点を遊覧する小舟に乗った。同乗者のほとんどはヒンドゥーの巡礼者だったが、一人神経質そうな西洋人が含まれていた。船頭がつたない英語でサラスワティー川の説明を始めると、この西洋人は冷たいまなざしで言った。

「サラスワティー川なんて、どこにも見えないじゃないか！ 見えないものを存在すると言うなんてインチキだ」

すると船頭は穏やかに言った。

「君には風が見えるのかい？」

もちろん風は見えない。

しかし、髪をなびかせ、ほおをなでる「この風」は確かに存在する。

船頭は続けた。

「サラスワティー川は、私たちの心の中に流れています。私はその存在を全身で感じます」

風景は目で見るだけでなく、心や体で観るものなのだということを、私はこの船頭に教わった。（2007年3月5日『朝日新聞』）

＊

この味わいのある短文に触れて、いろいろと思いを巡らす機会を得ました。その1つとして、例えば文中の「サラスワティー川」や「風」を、「今の自分がこれから歩む先の進路」と置き換えることは、いささか飛躍が過ぎるでしょうか。

「キャリア教育」の名のもと、教員たちは事あるごとに、「自分の今と将来を見据えて…」と子どもたちに迫ります。しかし、現在の子どもたちにとって、自分の進むべき路や将来を見据え、思い描くことがそう簡単にできるのでしょうか。

答えは「ノー」でしょう。自分自身の経てきた人生、とりわけ青春時代を振り返れば容易に答えは導き出せるでしょう。ことほどさように、「自分がこれから歩む先の進路」を見ることは難しいのです。

そんなとき「見えないものを心の中で感じる」という船頭の言葉を思い浮かべます。そして、その心の中にあるものを発掘し、形あるものとして浮かび上がらせるにはどうしたらよいのでしょうか。船頭は「目先のことに目を奪われるのではなく、心を尽くし思いを尽くし、自分自身を見つめること以外に方法はない」と語ったそうです。

「自分は、今ここで何をしたいのか。何を望んでいるのか」。また、「その望みをかなえるために、何をしたらよいのか。何ができるのか」。そして、「もしその望みがかなったら、そのときは今の自分とどのように変わるのか。変わることができるのか」。

それらが明確にイメージされたとき、「自分の心の中に、どんな川が流れているか」を見ることができるのかもしれません。

第5章

より良く生きる

1 人間関係を良くする秘訣（その1）

7つの身につけたい習慣

なぜ人間関係が悪くなるのか

「あの人なんであんなにキツく言ってくるんだろう。すごく落ち込んじゃう…」
「あんなこと言わなきゃよかった…」

子ども同士がかかわり合う中で摩擦が起こり、行き場のなくなった思いを職員室で訴える子をよく見かけます。そこで、人間関係を良くする秘訣を、身につけられればと考え、そのための授業を計画しました。

選択理論の提唱者ウイリアム・グラッサー博士は、人間関係を近づけるものとして「7つの身につけたい習慣」を、また逆に人間関係を破壊するものとして「7つの致命的習慣」をあげています。

> **7つの身につけたい習慣**
> 傾聴する・支援する・励ます・尊敬する・信頼する・受容する・意見の違いについて交渉する
>
> **7つの致命的習慣**
> 批判する・責める・文句を言う・ガミガミ言う・脅す・罰する・ほうびで釣る

これを、単に知識として理解するだけでなく、生活の中で実践できるようになるためにはどうしたらよいのでしょうか。

まず、「なぜ人間関係が悪くなるのか」を考え、次の3つの状況を想定しました。
①思いやりのない言葉で傷ついたり、逆に不用意な発言で関係を壊してしまった
②相手との距離感がうまくつかめず「うざい（うっとうしい）」と感じたり、逆に相手の態度に冷たさを感じてしまう
③相手のためを思って働きかけをしているのに、相手はそれを受け入れず、関係性を壊してしまう

人間関係をうまく構築するには？

次に、自分のこれまでの行動や考え方を振り返り、どうすればいいのかを体験的な活動を通して考えてもらいます。

はじめは①についてです。言われた人と言った人とで1つの言葉に対するとらえ方が違うと、「そんなふうに感じるとは思わなかった」というすれ違いが起こります。言葉に対する感度を上げて、他者に対する想像力を持ってもらうために「ハートビーイング」という活動を行いました。

6人程度のグループに模造紙1枚を配

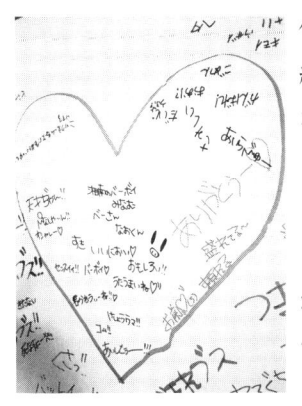

付します。模造紙の中央に大きなハートを描くことからスタート。ハートの中には言われてうれしい言葉、ハートの外には言われて嫌な言葉を自由に書いていきます。言葉を模造紙に直接書かず、付箋に書く方法もあります。

活動を進めるうちに、「同じ言葉でも、言われた状況や言われた人によって、とらえ方が違ってくる」ことに子どもたちが気づいたりします。付箋を使うと、その気づきに合わせて位置を柔軟に変えることができます。

「自分が言われて嫌だなあって思う言葉を、実は自分も言っていた」「もっと内側の言葉をたくさん言うようにしよう」など、この活動を通して、自分が何気なくとっている言動について、客観的な視点から考えることができました。

続いて②についてです。「相手との適切な距離をとる」ことの大切さを実感してもらうために、「近づく」と「遠ざかる」の両方の心境を感じてもらう「プラスマイナスじゃんけん」を行いました。

体育館など広い場所で2人1組になり、2人の間を2〜3メートルとって向かい合って立ちます。そして、じゃんけん。もしあいこなら、お互いが一歩ずつ近寄ることができます。あいこ以外の場合は、お互い一歩ずつ後ろに下がります。

入学当初にこの活動を行い、2人で協力してあいこを出そうとして頑張った結果、とても仲良くなったペアがありました。距離が縮まることで、相手に自分が受け入れられていく感じがして、温かい気持ちになるのだと思います。

おしまいに③についてです。私たちは、最終的に子どもたちに、この③の状況を乗り越えてもらうことが大切だと考え、自分自身が陥りがちな行動パターンをとらえ直してもらおうと工夫しました。

最初に、他人をコントロールしようとして、人間関係を壊してしまっている例を教員が寸劇として演じました。寸劇を見た子どもたちに「なぜ登場人物の人間関係が壊れてしまったのか」を考えてもらいます。「相手のためと言いながら、実は相手をコントロールしようとして、批判したりガミガミ言ったりしている」ことに気づきます。

次に、同じような状況ですが、結果として人間関係が良好になる寸劇を演じます。寸劇は子どもたちに演じてもらってもいいかもしれません。その後、「どうして今回は、登場人物の人間関係が良好になったのか」を考えてもらいます。

最終的に、「どうすれば人間関係を良好にできるか」を考えます。自然と「7つの致命的習慣」を使わずに、「7つの身につけたい習慣」が大切であることに、子どもたち自身が気づいていきます。

*

この授業を通して、身のまわりの人たちと良好な人間関係を保つために、自分が我慢をすればいいと考えてしまう子がいるかもしれません。しかし日常生活の中では、「7つの身につけたい習慣」の1つである「意見の違いについて交渉する」ことが必要な場面も多くあります。そのことにも注意を向けておきたいものです。

人間関係のヒケツを知ろう！

　　　　　　　　　　　年　　組　　番　名前
　　　　　　　　　　　_____

1.
(1) 次の台本を読んで、Ａ子とＢ男の距離（関係性）は近づいたのか、遠のいたのか考えてみましょう。

> Ａ子：ねー、今日部活どうするの。
> Ｂ男：出ない。
> Ａ子：先輩から怒られない？
> Ｂ男：どーでもいいよ。
> Ａ子：でもこの前の試合、全然ダメだったじゃん。
> Ｂ男：大丈夫さ、なんとかなるって。今度はオレ、万全だから。
> Ａ子：でも、みんな練習頑張ってるんだから、行ったほうがよくない？　レギュラー外されちゃうよ。
> Ｂ男：うるさいなー！　今日は出ねーって言ってんだろ！
> Ａ子：もー！　いつも、そうやって自分勝手なことやってるから、試合で失敗するんだよ！
> Ｂ男：お前に何がわかるんだよ！　お前こそマネージャーのくせに勝手なこと言ってんじゃねーよ！
> Ａ子：人が心配してあげてんのに！
> Ｂ男：お前といるとムカつくんだよ！
> Ａ子：だったら勝手にすればいいでしょ！

(2) Ａ子は、どのように考えて、このような行動をとったのでしょうか。

(3) その結果、Ａ子とＢ男の距離（関係性）は、どうなったでしょうか。
　　なぜそうなってしまったのでしょうか。話し合ってみましょう。

(4) では、どうすればよかったと思いますか。考えてみましょう。

2.
(1) 次の台本を読んで、A子とB男の距離（関係性）は近づいたのか、遠のいたのか考えてみましょう。

> A子：ねー、今日部活どうするの。
> B男：出ない。
> A子：先輩から怒られない？
> B男：どーでもいいよ。
> A子：でもこの前の試合、全然ダメだったじゃん。
> B男：大丈夫さ、なんとかなるって。今度はオレ、万全だから。
> A子：でも、みんな頑張ってるから迷惑かけない？　どうして部活、行きたくないの？
> B男：……最近、ずっと基礎練だから、つまんないんだよ。
> A子：そっか、前の前の試合のときは調子よかったじゃん。
> B男：オレがちょっと本気になれば、…な。
> A子：先輩たちもあいつはすごいって言ってたよ。
> B男：あれだよ、なんつったっけ、「能あるハゲタカはハゲを隠す」だっけ。
> A子：へー、そんな言葉知ってんだ。「能ある鷹は爪を隠す」っていうのも聞いたことあるけど。
> B男：あー、それそれ。
> A子：じゃあ、もう時間だから私は部活行くけど、B男はどうするの？
> B男：ごめん、今日はC夫と約束しちゃったから行けないけど…、お前の心配はわかったよ。
> A子：そっか、先輩に言っとくね。でも、わかってくれてうれしいな。明日は出ようね。

(2) A子は、どのように考えて、このような行動をとったのでしょうか。

(3) その結果、A子とB男の距離（関係性）は、どうなったでしょうか。
　　1．(1)の会話とどこが違いますか。話し合ってみましょう。

3．あなたは相手との距離を近づけるために、どんな考え方・行動をしたらよいと思いますか。
　普段自分が心がけていることも踏まえて、なるべく多くあげてみましょう。

学習指導案

1. 活動名　人間関係を良くする秘訣　その１
2. 教　材　ワークシート、模造紙（各グループ１枚）、付箋、ペン、振り返りシート
3. 本時の目標
   - 他者の言動による心情の変化を振り返ったり、言葉の受け取り方の違いを話し合ったりすることにより、自らの言動や周囲の人とのかかわり方をとらえ直すことができるようになる。
   - 他者との物理的な距離感が心理面に及ぼす影響を感じ取り、人間関係づくりに活かすことができるようになる。
   - 寸劇（ロールプレイ）を通じて、どのような言動が人間関係を破たんさせ、または良好にするのか、考えることができるようになる。
4. キーワード　ハートビーイング、７つの身につけたい習慣、７つの致命的習慣
5. 指導計画

時間	学習内容	主な発問等	指導上の留意事項 ☆児童・生徒への個別支援	評価の観点
5分	0．本時の目標・活動についての説明（振り返りシートを使って、本時のねらいを確認）	・みんな人それぞれ悩みって持っているよね。悩みの中でも一番大きい部分を占めているのが「人間関係に関する悩み」と言われています。友達や親と良い人間関係を保っていけたら、ハッピーになれそうだよね。今日は、その秘訣を体験を通して学んでいってほしいと思います。	・子どもたちの状況に応じて、ありがちな人間関係のトラブルを挙げることで、関心を持ってもらう。 ・悩みの原因に人間関係がかかわっていることに気づいてもらう。	・本時のねらいに関心・意欲を持って取り組もうとしているか ・自分の経験から考えることができているか
15分	1．ハートビーイング ・6人程度のグループになる。 ・ハートの内側に言われてうれしい言葉、ハートの外側には言われて嫌な言葉を付箋に書いて貼っていく。	・人から言われてうれしい言葉を付箋に書いて、ハートの内側に貼ってください。イラストを描いてもいいですよ。ハートの外側には、人から言われて嫌な言葉を貼ってください。 ・うれしい言葉、嫌な言葉は、言われた相手は誰でもかまいません。親・友人・近所の人・恋人…いろいろな場面を思い出してみましょう。	・同じ言葉でも、言われた状況や場面によって、貼る位置が違うことに気づいてもらう。 ・言葉を受け取った人の持つイメージを尊重するようにする。 ☆生活の中のさまざまな場面を思い出せるよう、声かけをする。	・自らの言動や周囲の人とのかかわり方をとらえ直そうとしているか ・自分の心情の変化に気づくことができているか

10分	2．プラスマイナスじゃんけん ・じゃんけんで、あいこなら1歩ずつ近づき、あいこ以外なら1歩ずつ離れる。	・このじゃんけんでは、あいこなら近づきますが、あいこ以外なら遠ざかります。なるべく早く2人が握手できるよう頑張ってみてください。 ・「離れていくとき」「近づいていくとき」の気持ちや心境の変化に着目してやってみましょう。	・終わったあとで、「あいこが出たときどういう気分だったか」「離れていくときどういう気分だったか」をインタビューしてもよい。 ☆あいこが出るように、「相手に合わせてみよう」とアドバイスする。	・活動に積極的に取り組もうとしているか
10分	3．寸劇（ロールプレイ） ・「人間関係を壊してしまっている」寸劇、「人間関係が良好になっている」寸劇で、どのような言動をすれば、人間関係が良くなるか実践的に考える。	・今から、ある2人の会話を演じるので、なぜこの2人がケンカをしたのか、どの言葉や態度がいけなかったのか、考えてみてください（以下、ワークシート「人間関係の秘訣を知ろう！」の流れに沿って展開）。 ・なんて言えばよかったのでしょうか、まわりの人と話し合ってみてください。 ・次は、別のパターンです。先ほどとどこが違うのでしょうか。考えながら聞いてください。	・子どもたちの状況に応じて、子どもたちにロールプレイしてもらうこともできる。 ・子どもが寸劇に集中できるように学習環境を整える。	・積極的に考え、自分の考えを伝えることができているか ・人間関係の秘訣について、理解することができているか
10分	4．まとめ ・振り返りシートの記入	・今日は「人間関係を良くする秘訣」について考えてきました。現実の生活の中ですぐに実践するのは難しいかもしれません。でも、「これを言うと、相手との距離が遠ざかってしまうかも」というように、行動の前に一歩立ち止まることはできるかもしれません。少しずつ実践できるよう、生活の中で取り入れていってみてください。	・まとめとして、「相手をコントロールしようとせずに、相手を尊敬したり、励ましたり、支援したりする」ことが人間関係を良好に保つ秘訣であることを確認する。	・本時の学びを日常生活に活かそうとしているか

2 人間関係を良くする秘訣（その2）
自分のトリセツ（取り扱い説明書）づくり

どうして勘違いされちゃうの？

「あの人自己チュー（自己中心的）じゃない？」「あいつ何考えているかわかんないから付き合いにくくて…」

子どもたちのこんな発言を聞いたことはありませんか？「友達は自分のことをわかってくれているはず！」と思っていても、日常の何気ない会話から勘違いや思い違いが起きてしまうことがあります。すぐに誤解が解ければいいのですが、なかなかうまくいかずに関係が崩れてしまうケースも少なくありません。

授業の導入場面では、寸劇「なんで勘違いされちゃうの？」を見てもらいました。2人の会話の中で、お互いがそれぞれ違うことを考えているために、関係性が悪くなっていく場面です。「こういうことってあるよね」と感じつつ、「このような誤解を防ぐにはどうすればよいか」を考えてもらうきっかけをつくれればと思います。

副担任等、寸劇の協力者の都合がつかない場合は、子どもたちに役者になってもらうのも、アクティブラーニングの醍醐味です。

自分のトリセツをつくろう

寸劇の結末では、Ｃさんの冷静な解釈のおかげでＡさんとＢさんの関係の破たんは回避できそうな雰囲気になりました。人間関係の危機に、Ｃさんのような人がいてくれれば安心ですが、そういった人がどこにでもいるとは限りません。今回は、Ｂさんの立場で自分のことを丁寧に伝える必要性について考えてみます。

しかし、自分のことを他者に伝えることは、簡単ではありません。そこで、自分を物にたとえて、そのトリセツ（取り扱い説明書）をつくることによって、自分への理解を深めるとともに、コミュニケーションスキルを培うこととしました。

①自分の内面を吟味し自己理解を促す

自分のトリセツをつくる第一の目的は、自分という存在をじっくり見つめる機会をつくることです。自分はどんな性格か。どんな習慣があるのか。何が好き（嫌い）で、それはいつから、どうしてか。自分に関する情報は、意外に無意識・無自覚なものが多いものです。自分についてさまざまな面から意識し、言語化すること

5つの「基本的欲求」		
心理的欲求	愛・所属の欲求……	愛し愛されたい、仲間の一員でいたい
	力の欲求……	認められたい、達成したい、人の役に立ちたい
	自由の欲求……	自分で選びたい、強制されたくない
	楽しみの欲求……	自分の好きなことをして、エンジョイしたい
身体的欲求	生存の欲求……	食べたり、飲んだり、休んだりしたい

で自己理解が深まっていきます。

授業ではワークシート「○○のトリセツ」を使用しました。【各部の名称とはたらき】では、自分の特徴を周囲のクラスメイトと相談したりしながらまとめます。さらに、基本的欲求の強さを自己評価する【基本的欲求バロメーター】を完成させることで、表出する自分の特徴（行動）と、その背景にある原動力（欲求）とを関連づけて理解することができるでしょう。これは、子どもたちにとって、枠組みがあるせいか、記入しやすかったようです。周囲と相談しながら多くの情報がまとめられていました。

②自己を他者に伝える

自分のトリセツをつくる第二の目的は、自分についてプレゼンテーションをすることです。ワークシートの【こんなことが好き（得意）!!】や【こんなことが好きじゃない（苦手）!!】をまとめる過程で、自己を伝達する他者を意識します。

他者に伝えてもよい情報は何か。開示したくない情報は何か。自己の内面を精査することで、より深い自己理解が起こります。商品の取り扱い説明書ではないので、まわりの人に知られたくないことは書かなくてもよく、知っておいてもらいたいことをどう表現するかが課題になります。

自分のことをうまく表現できない子もいるかもしれません。その場合はどんな情報であれば開示できるか、丁寧にサポートしていく必要があるでしょう。

お互いのトリセツを共有しよう

作成したトリセツは、他者の存在を意識してまとめた「理解してほしい自分」です。授業の冒頭で、できあがったものをクラス内で共有することを前提としていることを伝えておきます。

実際の授業では、完成したトリセツを共有し、お互いに【ひとことコメント】を記入し合いました。

【ひとことコメント】は好きなことや得意なことに対する承認が多く、なかには共通の趣味が書いてあったことから会話するきっかけができた子もいたようです。できるだけ多くのクラスメートと共有することで、学級全体の相互理解にもつながります。また、その内容を承認し合うことで、お互いに自己肯定感も高まります。

日常生活の中で、勘違いやコミュニケーションのすれ違いは誰にでも起こり得ます。問題が起こらないよう他者を避けて一人で生きていくことはできません。誤解が生じないように、そして仮に誤解が生じたとしても、それを乗り越えていくためには、日頃から自分の性格や能力などの特徴を他者に理解してもらい、いつでも意見の違いを話し合える良好な雰囲気が保たれている必要があるのではないでしょうか。

寸劇シナリオ
「なんで勘違いされちゃうの？」

ナレーション《ある日のこと。AさんとBさんが会話しています…》

A「この間のゲーセン、楽しかったね」
B「うん。プリクラ撮ったときでしょ？」
A「そうそう。楽しかったよね！ 今日も授業終わったらみんなでゲーセン行かない？」
B「今日もプリクラ撮る？」
A「もちろん！ みんなで撮ろうよ！」
B「いいねー、じゃあ行こう！」

ナレーション《数日後、またAさんとBさんが会話をしています…》

A「ねぇ、今日は、みんなでカラオケ行こうよ」
B「カラオケかぁ…、私やめとく」
A「え？ 何で？ みんな行くよ？」
B「う〜ん」
A「ほかに予定があるの？」
B「ううん、そういうわけじゃないんだけど…」
A「誰かとケンカした？」
B「誰ともケンカしてないけど、あんまりカラオケが好きじゃないんだ」
A「え〜ノリ悪いよ〜みんな行くのに〜」（心の声：みんな行くのに…つきあい悪いなあ）
B「ごめんね…」（心の声：カラオケは好きじゃないんだよね）

ナレーション《そしてカラオケに行くと、AさんがCさんと会話をしています》

A「ねぇねぇ、Bって自分勝手でわがままだと思わない？」
C「どうして？」
A「いつもゲーセンは来るのに、今日のカラオケはいくら誘っても来ないんだよ。別に予定も入ってないのにさ！ いつもいろんなことして遊びたいって言ってるから誘っているのに、頭にきちゃう。私だったら絶対行くけど！」
C「あ〜。前にカラオケ苦手だって言ってたもん。なんか恥ずかしいらしいよ。まぁ人それぞれなんじゃない。Aだってボーリング嫌いでしょ？」
A「だって、楽しくないもん…」
C「ボーリング行くって話になると、Aは猛反対して、それでも結果的には、みんなと一緒に行くよね」
A「うん、まあ、みんなと一緒にいたいからね」
C「そこがBは違うんだよ。みんなで一緒にいたいというよりも、好きな遊びがしたいんじゃないかなあ」
A「ふーん、そう言われるとそんな気もするけど……。
まあ、人それぞれ違うってことかね」

__Bさん__ のトリセツ

記入例

【各部の名称とはたらき】

「機能」「エネルギー源」「メンテナンス方法」「取り扱い上の注意」の項目について、具体的に書き込んでみましょう。

外観（似顔絵）

機能
体を動かすことが得意

エネルギー源
ハンバーガー

メンテナンス方法
昼寝とゲーム

取り扱い上の注意
目立つことは苦手

【こんなことが好き（得意）！！】
うまく使うべし！！

力仕事はまかせてください。

ゲームには詳しいです。

⚠【こんなことが好きじゃない（苦手）！！】
要注意！！

長時間、集中することはできません

カラオケなど人前で歌を歌うことは苦手です

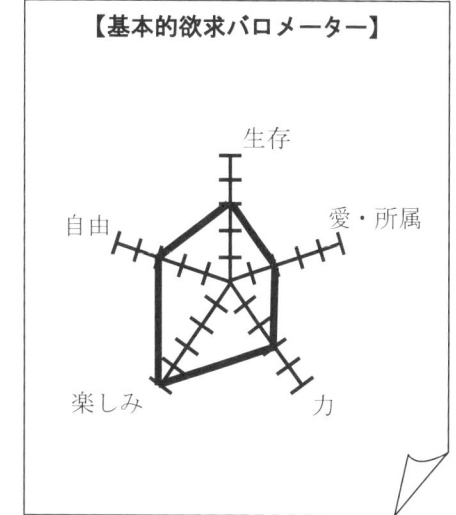

【基本的欲求バロメーター】
生存／愛・所属／力／楽しみ／自由

ひとことコメント： 新たに知った　Bさん　の一面

第5章　より良く生きる　99

学習指導案

1. 活動名　人間関係を良くする秘訣　その2　自分のトリセツ（取り扱い説明書）づくり
2. 教　材　寸劇シナリオ「なんで勘違いされちゃうの？」、「Bさんのトリセツ」、ワークシート「○○のトリセツ」、振り返りシート
3. 本時の目標
　　　人間関係の中で陥りがちなすれ違いや思い違いを防ぐために、自らの内面を吟味し、自己理解を深め、他者に理解してほしいことを「自分のトリセツ」にまとめる。
4. キーワード　基本的欲求、上質世界、自己理解、自己表現
5. 指導計画

時間	学習活動	主な発問等	指導上の留意点 ☆児童・生徒への個別支援	評価の観点
5分	0．本時の目標、活動についての説明（振り返りシートを使って、本時のねらいを確認） ・寸劇「なんで勘違いされちゃうの？」を見る。	・Aさん、Bさんはどんな欲求が強いか考えてみましょう。 ・Cさんは、どんなことを考えていますか。	・寸劇は、子どもたちに協力してもらってもよい。 ・基本的欲求について、思い出してもらう。 ・AさんとBさんの基本的欲求の特徴の違いに着目できるとよい。	・本時のねらいに関心・意欲を持って取り組もうとしているか ・登場人物の内面を推測しようとしているか
10分	1．登場人物の欲求の強さを考える ・トリセツ記入例「Bさんのトリセツ」を見る。 ・AさんとBさんの欲求を比較する。	・Bさんの欲求の特徴があらかじめわかっていれば、誤解は生じなかったかもしれません。「Bさんのトリセツ」を見てみましょう。 ・Aさんの欲求をバロメーターに書き込み、Bさんと比較してみましょう。 ・例えば「愛・所属の欲求」はどうですか？ ≪例：Aさんの欲求≫ 　　愛・所属5 　　楽しみ3 　　自由3 　　生存3 　　力2	・トリセツとは何か、どのように活用できるのかを説明する。 ・Bさんの欲求の特徴を5段階で確認する（「楽しみの欲求」は強く、「愛・所属の欲求」はさほど強くない）。 ・Bさんのバロメーターの図にAさんの欲求を記入し、2人の欲求を比較するよう促す。 ・Bさんの「愛・所属の欲求」は低いが、Aさんは高いこと、人によって違いがあることに気づいてもらう。 ・Aさんの欲求の強弱は、あくまでも予想であることに留意する。	・登場人物の欲求の強さの違いを知ることによって、関係性に与える影響を考えようとしているか

15分	2.ワークシート「自分のトリセツ」の作成	・教員のトリセツも披露します。このトリセツや「Bさんのトリセツ」を参考にして、自分のトリセツを書いてみましょう。 ・クラス内で見せ合いますので、知られてもよい範囲の内容を書くようにします。 ・自分はどんな「上質世界」を持っていますか？　自己の内面をしっかり見つめてから、それぞれの項目を記入していきましょう。	・見本として、あらかじめ作成しておいた教員のトリセツを配付または提示し、トリセツの書き方を補足してもよい（表面的でないことも、開示できる範囲で記載するとよい）。 ☆取り組みにくい子どもには、「基本的欲求の特徴」や「上質世界」に関する質問をするなどして、自分の内面を言語化しやすくなるよう手助けする。	・自分のトリセツを作成することで、自分自身への理解を深めようとしているか
10分	3.「自分のトリセツ」の共有 ・他の人のトリセツに、コメントを書いた付箋を貼りつける。	・他の人のトリセツを見て、コメントを書いた付箋を貼りつけてください。	・クラスの状況に応じて、クラス内で回覧する。各自の机の上にトリセツを置き、子どもたちが動きながら確認するなどしてもよい。 ☆付箋が貼られていない子どもには、教員がコメントを貼ったり、周囲の子に声かけするなどフォローする。	・他者のトリセツを尊重し、積極的にコメントを記入しているか
10分	4.まとめ ・振り返りシートの記入	・クラスメートから書いてもらったコメントで、うれしかったものはありますか。 ・今日の授業では、どんな気づきがありましたか。 ・誤解やすれ違いを防ぐ（解決する）にはどんなことが大切だと思いますか。 ・これからの生活に活かせることはありますか。	・人間関係の中で起こるすれ違いを防ぐために自らの内面を理解して他者と共有することが大切だということに気づけるような支援をする。 ・授業の中だけでの取り組みではなく、日常生活にどのように活かせるかを考えてもらうようにする。	・自分や他者に関する新たな気づきを表現しようとしているか ・本時の学びを日常生活に活かそうとしているか

3 バランス・コントロール
心の動きを視覚化する

『みんなが私の悪口を言う…』

「みんなが私の悪口を言う…」
　子どもたちからこんな悩みを聞いたことはありませんか？　あるいは「誰も私に話しかけてくれないから」「仲のいい子が休んで、ぼっち（一人ぼっち）になっちゃったから」。そう言って教室に行くことを渋る…。こうしたときに、どのように支援したらよいでしょうか？
　不満ばかりを口にする子ども、言い訳をして逃げる（ように見える）子ども、自己肯定感の低い子どもと話をしていると、「もしかしてうまくいかないと感じているのは、思い描いている理想や目標が高すぎるからではないのかな？」と思うことがしばしばあります。今の自分の「できている部分」や「頑張っている部分」「満足できる部分」を十分に認められていないのに、さらに高い目標をつくろうとしている、そんな感じがするのです。
　目標が高すぎると、うまくいくのは難しくなります。当然のことながら、うまくいかなかった結果に落ち込んでしまう。するとそこには不満が生まれる。ダメな（としか思えない）自分に対して、自己肯定感も下がってしまう。さまざまな言い訳をつくって、どうにかその場から逃れようとしてしまいがちになります。

心の動きを見てみよう

　このような悪循環を断ち切るために、心の動きを「天秤の傾き」として視覚化してみようというのが、「バランス・コントロール」の授業のねらいです。これが身につくと、自分の心の動きを客観的に、あるいは俯瞰するように少し離れて眺めることができます。それによって、いつの間にか身につけてしまっている「自分の考え方のくせ」に気づきやすくなるのです。
　心の天秤が大きく傾いたとき、私たちは、どうにかしてそのバランスを保とうとします。そのための行動や考え方は実はたくさんあるはずですが、私たちは「いつもの決まったパターン」に陥りがちです。

天秤を水平にするにはどうしますか

　アクティブラーニング授業ではイメージしやすいようにハンガーでつくった天

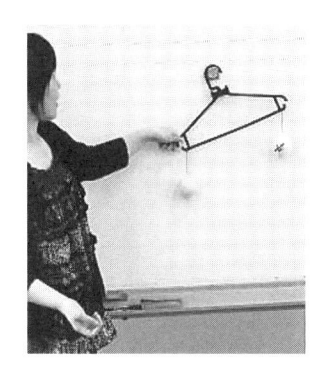

秤を用意します。おもりはテニスボールにU字型の髪用のピンを差し込んでつくりました。

まずは、傾いた状態を子どもたちに見せます。一方にはおもりを5つ、もう一方におもりが3つ。これを水平にするにはどうしたらいいか考えてもらいます。

すぐに気づくのは、おもりを5つと5つ、あるいは3つと3つにして水平にする方法でしょう。天秤の一方に合わせる方法です。ここで、最も大切なことは「これ以外の方法がある！」ことに気づいてもらうことです。それこそが「いつもの決まったパターン」から抜け出すヒケツになります。

心の中にも天秤があります

次に心の動きを理解してもらうために「心の中の天秤」の話をします。

私たちの心の中に天秤があると考えます。この天秤は常に2つのものを比べています。1つは「願望（上質世界）」です。私たちの願っていること、こうあってほしいという理想です。こうあるべきだという常識や規範の場合もあります。もう片方で測っているものは、自分が「とらえている現実」です。そのときそのときの私たちが感じ取った状況のことです。

「願望」と「とらえている現実」とのバランスが崩れ、この天秤が傾いていると、何とかして水平にしようという心の動きが起こります。

例えば、ある子どもが「とらえている現実」として、「みんなが私の悪口を言う」という例を考えてみましょう。

このとき、心の天秤は大きく傾いてしまいます。天秤のおもりにはどんなものが載っているのでしょうか。

まずは「願望」のほうを見てみましょう。例えば、
・みんなと仲良くしたい。好かれたい
・みんなから悪口を言われたくない
などがあるのでしょう。

一方の「とらえている現実」のほうは、
・誰も自分と仲良くしてくれない
・みんなが私の悪口を言う。批判的だ
などが考えられます。

「とらえている現実」が「現実」そのものとは異なる場合もあるでしょう。ところが、本人はそのようにとらえていますから、「とらえている現実」のおもりが重すぎて、その傾きも大きい。調整できないとわかるとおもりを全部はずしてしまいたくなる。そんな状態の表れのひとつが不登校かもしれません。

本当はおもりを増やしたり減らしたりして、ほどほどの量にしてバランスをとることもできるはずなのです。心の動きを「天秤の傾き」として意識することで、より効果的な次の一歩が選びやすくなります。今の状態をどのように考えるか、そして、どのように行動するか。さまざまな選択肢の中から、どれを選ぶかは自分次第なのです。

「何かを選ぶということは、何かを手放すということ」。心の中の天秤のバランスを保ち、気分が落ち着くためには、時に「決断」が求められます。

何を選ぶかによって結果が変わる

1時間目の授業では、心の動きを天秤の傾きとして意識し、バランスをとるためにはさまざまな選択肢があることを学びます。時間がある場合は2時間目の授業を設定し、発展として、どのような解決方法が「願望」に近づくために効果的なのかを考えていきます。

2時間目の授業では、まず前回の復習を兼ねて、日常で起こりそうな問題と、その解決方法をあげていきます。ここでは「メールの返信が来ない」という例を扱いますが、クラスで考えてみたい問題があれば、それを取り上げると、身近な問題として一層考えが深まるでしょう。

子どもたちからさまざまな解決方法があがってきます。しかし、「予想される結果を考えていくこと」を主題としますので、回答例を活かしながらも、授業者が取り上げたい解決方法を6つ程度、提示します。そのときに次の①〜④のような内容の解決方法を入れておくと、授業の後半で取り組みやすくなります。

　①問題とは関係ない行動をとるもの
　②考え方を変えるもの
　③相手のせいにするもの
　④悪い結果に陥りそうなもの

バラエティに富んだ解決方法が出たら、それぞれどんな結果が予想されるかを考えてもらいます〔ワークシートⅡの1（3）〕。ここでは、一人一人の答えが同じである必要はありません。例えば「相手に直接、理由を聞いてみる」といった解決方法に「けんかになる」と答える子どももいれば、「忘れていてごめんねと謝ってもらえる」と答える子どももいるでしょう。周りの人と意見交換することで自他の違いに気づくきっかけになります。

そして、ワークシートⅡの2では、どのような方法を選びたいかについて考えます。ここでも、同一の答えは求めません。子どもによって選びたい方法は異なるでしょう。それまでの経験の違いや、ものごとのとらえ方の違いなどが反映されるからです。

最後に行うワークシートⅡの3（1）（2）は、選択理論で「全行動」として説明されている内容です（「全行動」については、第4章4「知って得するセルフ・コントロール」を参照）。

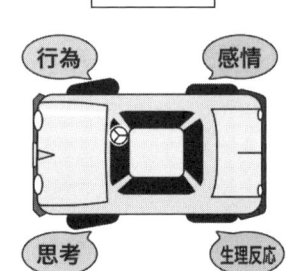

これを取り上げることで、ワークシートⅠの1で考えた解決方法の再確認をすることができます。

最後のワークシートⅡの3（3）は、「過去と他人は変えられない。変えられるものは未来と自分だけ」という考え方です。冒頭の例にあげた「みんなが悪口を言う」「誰も話しかけてくれない」「仲のいい子が休む」という状況も、どれもおもりの中身は「自分」ではなく「他人」のすることです。これを変えようとすることは非常に難しいことなのです。

心の天秤のバランスをとるには、自分の状況を的確にとらえ、重さの調整をするだけではなく、実は、おもりの中身そのものに目を向けてみることも必要、と気づくことが大切なのです。

学習指導案

1. **活動名** バランス・コントロール
2. **教　材** ＜基本＞ワークシート「バランス・コントロールⅠ」、天秤、おもり、振り返りシート
   ＜発展＞ワークシート「バランス・コントロールⅡ」、振り返りシート
3. **本時の目標**
   人は「願望（上質世界）」と「とらえている現実」とのギャップを感じたときに、何か考えたり、行動しようとする。これを「心の中の天秤」の「傾きの変化と調整」として意識することで、自分の心の動きを視覚化し、自分の状況を冷静に見つめ、効果的な行動がとれるようにする。
4. **キーワード** バランス・コントロール、願望、とらえている現実、心の中の天秤、全行動
5. **指導計画**　＜基本＞

時間	学習活動	主な発問等	指導上の留意点 ☆児童・生徒への個別支援	評価の観点
5分	0．本時の目標・活動についての説明（振り返りシートを使って、本時のねらいを確認）	・（バランスのとれていない天秤を見せながら）この天秤の傾きを調整するにはどんな方法が考えられますか？ワークシートⅠの1に、できるだけ多くの方法を記入してみてください。 ・さまざまな解決方法がありますね。	・方法は1つではないことを伝え、なるべく多くの方法を考え出すように促す。〈答の例〉片方のおもりの数を、もう片方のおもりの数に合わせる。両方のおもりを操作して数を合わせる。	・本時のねらいに関心・意欲を持って取り組もうとしているか ・傾いた天秤のバランスをとる方法を考えられたか
10分	1．「願望」と「とらえている現実」とのバランスについて考えてみよう	・「願望」と「とらえている現実」とを天秤の両側に載せたとして、考えてみましょう。 ・天秤の釣り合いがとれている場合はどんなときですか？ ・天秤が傾くのはどんなときですか？	・天秤のおもりを「願望」と「とらえている現実」に置き換えてイメージしてもらう。 ・「とらえている現実」は「現実」そのものではないことに注意。例えば、10℃という気温は「現実」。「寒い」と感じたり「暖かい」と感じたりするのは「とらえている現実」というような説明をする。	・活動に積極的に取り組もうとしているか
10分	2．生活の中で考えてみよう	・「スープの味」は、うまくてもまずくても天秤は傾きます。そのように、心の天秤が傾くのはどんなときですか？	・「スープの味」「気温」などイメージしやすいものから、「友人関係」など人間関係に広がるようにしたい。	・生活の中で、天秤の釣り合いがとれない状態をイメージできたか

第5章　より良く生きる　105

時間	学習活動	主な発問等	指導上の留意点 ☆児童・生徒への個別支援	評価の観点
15分	3．傾いた天秤のバランスをとる方法を考えてみよう	・「みんなが私の悪口を言う」と感じたとき、心の中の天秤は水平ですか、傾きますか？傾いたとしたら、どうやって天秤のバランスをとることができるか考えてみましょう。 ・このときの「願望」と「とらえている現実」は？ ・天秤のバランスをとる方法をできるだけたくさんあげてみてください（最初は自分1人で、次にグループやクラス全体でその結果を共有）。	・例題は子どもたちに考えてもらってもよい。 ・天秤のバランスをとる方法がたくさんあることに気づいてもらう。 ☆書きあぐねている子どもには、個別に声をかける。 ・たくさんある解決方法の1つ1つを検証し、それぞれの行動の結果がどのようになりそうか、効果や影響まで推察できると、さらに深い理解が得られる。	・活動に積極的に取り組もうとしているか。 ・自分の考えを伝えられたか ・周りの人の意見を聞くことができたか
10分	4．まとめ ・ワークシートIの5と振り返りシートの記入 ・何人かに発表してもらう	・日常生活の中で、自分の心の天秤が傾いてしまったとき、どのように考え行動したらよいかを、考えてきました。 ・今日の授業を通して、最も印象に残ったことを書いてください。	・全体に発表することが難しい場合には、グループ内での発表や、隣の席の人との意見交換でもよい。	・バランス・コントロールについて理解できたか ・本時の学びを日常生活に活かそうとしているか

＜発展＞

時間	学習活動	主な発問等	指導上の留意点 ☆児童・生徒への個別支援	評価の観点
5分	0．本時の目標・活動についての説明（振り返りシートを使って、本時のねらいを確認）	・前時の授業ではどんなことを学びましたか？ ・日常生活の中で、自分の心の天秤が傾いてしまったとき、どのように考え行動したらよいかを考えました。さまざまな解決方法があることを学びましたね。今日はその続きを、もう少し考えてみましょう。	・クラス全体に問いかけるのではなく、班や近くの人と学習内容を振り返ってもよい。 ☆前時、欠席した子どもには、あらかじめ個別対応しておく。	・本時のねらいに関心・意欲を持って取り組もうとしているか ・自分の考えを伝えたり、周りの人の意見を聞くことができたか

15分	1.傾いた天秤のバランスをとる方法をとったときの結果を考えてみよう	・ワークシートⅡの1を使って、毎日の生活の中で心の中の天秤が傾いたとき、どうしたら天秤のバランスをとることができるか考えてみましょう。 ・天秤のバランスをとる方法はたくさんありますね。 ・今日は、この方法1つ1つについて、その結果が果たしてどうなるかを考えたいと思います。6つの行動をあげますので、みんなで考えてみましょう。	・6つの行動例は、クラスの状況に応じてあらかじめ絞っておく。 ・あえて、よくない結果になりそうなものも入れておく。 ・「チョコレートを食べる」など、問題と直接関係ないような行為も入れておく。 ・「○○と考える」といった思考を変えるものも入れておく。 ☆書きあぐねている子には個別に声をかける。	・活動に積極的に取り組もうとしているか ・予想される結果について考えることができたか
5分	2.どの方法を選ぶか考えてみよう	・では、これらの中で、あなたが選びたいのはどの方法ですか、理由も合わせて書いてください。	・選んだ方法が、ワークシートⅡの1（2）で確認した「願望」をかなえることになるか意識してもらう。 ・何人かに発表してもらってもよい。	・「願望」をかなえることを考えられたか
25分	3.まとめ ・ワークシートⅡの3と振り返りシートの記入 ・何人かに発表してもらう	・ワークシートⅡの3を使って、「落ち込み」や「イライラ」といった、心の中の天秤が傾いたとき、どうしたら、そこから抜け出せるか考えてみましょう。 ・車の絵をよく見て文章の空欄a～dを埋めていきましょう。 ・心の中の天秤のバランスをとるためのヒケツをまとめてみました。ワークシートの空欄を埋めてみましょう。	・ワークシートⅡの3は選択理論では「全行動」として説明されている。詳細は第4章4「知って得するセルフ・コントロール」を参照。 ・バランスをとるための方法も、自分が「変えられるもの」と「変えられないもの」の区別が大切であることに気づいてもらう。 ・ワークシートⅡの1（3）の項目に「行為」だけではなく「思考」が含まれていると理解が深まる。	・活動に積極的に取り組もうとしているか ・傾いた天秤のバランスをとるヒケツを学ぶことができたか ・本時の学びを日常生活に活かそうとしているか

> **テニスボールを使った天秤**
> 材　料：ハンガー・硬式テニスボール・U字ピン・輪ゴム
> つくり方：テニスボールの上下に2か所、U字ピンを刺しておもりにする。U字ピンの一方はボールに差し込むが、一方はすきまをつくって輪ゴムを通せるようにしておく。

バランス・コントロール Ⅰ

　　　　　　　　　　　　　　　　　年　　組　　番　氏名

1. どうやってバランスをとる？

◇天秤の一方にはおもりが3つ。もう片方にはおもりが5つぶら下がっています。この天秤の傾きをなくすためにはどんな方法が考えられますか？

> おもりを加えたり、はずしたりして、両側にあるおもりの個数を次のように調整する。
> 5と5　　4と4　　3と3　　2と2　　1と1
> 0と0　　6と6

2. 心の中の天秤はどんなときに傾く？　仕組みを見てみよう

◇心の中にも「願望」と「とらえている現実」とを比べる天秤があるとすると、天秤が傾くのはどんなときでしょうか？ ◯ の中に「願望」と「とらえている現実」を入れ、説明文の空欄（1～4）を補いましょう。

【パターン1】

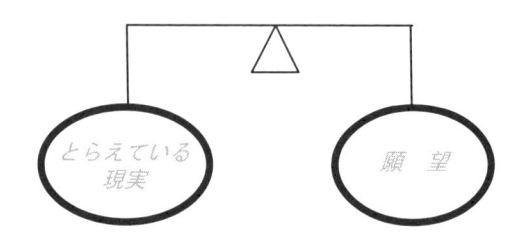

（天秤図：とらえている現実／願望　釣り合い）

「願望」と「とらえている現実」がほぼ同じであるので、天秤は釣り合い（1　バランスがとれた）状態です。スープの味付けでたとえると（2　おいしい）と感じる、ちょうどいい味の状態です。

【パターン2】

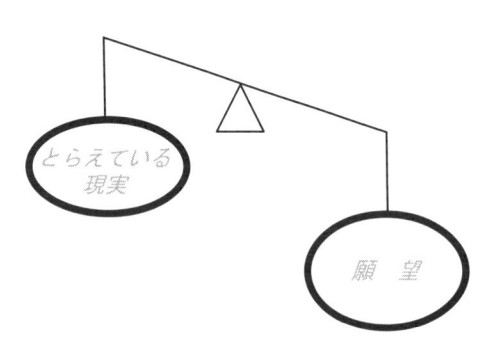

（天秤図：とらえている現実／願望　願望側が下がる）

「願望」のほうが、「とらえている現実」よりも重いので、天秤は（3　傾いた）状態です。スープの味でたとえると（4　おいしくない）と感じる状態です。私たちは、理想の味と異なるとき、どうにか調整してバランスをとりたくなります。

3. 心の中の天秤はどんなときに傾く？　生活の中で考えてみよう

> ・部活をやっていてもなかなか上達しない　　・友達に無視された
> ・親に怒られた　　　　　　　　　　　　　　・テストの点が思ったより悪かった

4. 天秤のバランスをとる方法を考えてみよう

【例】みんなが私の悪口を言う。

(1) このときの「願望」はどんなことですか？
　　（　悪口を言われたくない。　みんなと仲良くしたい。　　　　　　　　　　　）

(2) このときの「とらえている現実」はどのようになっていますか？
　　（　みんなが私の悪口を言っている。　　　　　　　　　　　　　　　　　　　）

(3) 天秤のバランスをとるためにはどんな方法がありますか？
　　①まず、自分で方法を考えて書いてみよう。
　　②次に、クラスの友達が考えた方法を教えてもらおう。

①自分の意見	②友達の意見
・みんなに好かれる必要はないと考える	
・一人でも友達がいればそれでいいと思う	
・「友達になってほしい」と相手に伝える	
・「悪口を言わないでほしい」と頼む	
・みんなに「私の友達になって」と言う	
・悪口の内容は自分のことではないと思う	
・人から悪口を言われていても自分は言わない	

5. まとめ

◇今日の授業について、気づいたこと、思ったこと、考えたことを書いてください。

バランス・コントロール Ⅱ

年　　組　　番　氏名　　　　　　　　

1. どうやってバランスをとるか？

◇毎日の生活の中でも「とらえている現実」と「願望」が釣り合わない場面がときどきあります。「心の中の天秤」に当てはめて(1)〜(3)について考えてみましょう。

【例】ずっと待っているのに、いつまでもメールの返信が来ない。

(1) こんなときあなたはどんな気持ちがしますか？
　　（　嫌われたのかと不安になる。無視されて、うざい。ムカつく。　）

(2) このとき、本当はどうなってほしいですか？　　**これがとっても大切！**
　　（　　　メールを送ってほしい。相手と仲良くしたい。　　　）

(3) 心の中の天秤にあるおもりを増やしたり減らしたりして「バランスをとるための行動」をあげてあります。それぞれの行動について「予想される結果」を考えてみましょう。

	天秤のバランスをとるための方法	予想される結果
1	自分からもう一度メールを送る	⇒
2	相手がまだメールを読んでいないのだろうと考える	⇒
3	なんでメールを送ってくれないのか尋ねる	⇒
4	周りの人に相手がメールを送ってくれないことの文句や悪口を言う	⇒
5	相手とはもう絶交をする	⇒
6	寝る・チョコレートを食べる・ゲームをする	⇒

2. どの方法を選びたいですか？

◇左ページ1(3) の中であなたが選びたいのは何番の方法ですか。理由も書きましょう。

番　号	理　由（その方法のよいところ）

3. どんな方法が効果的なのか？
　　　　…天秤が傾いたとき、落ちこみやイライラから抜け出すヒケツ

(1) 右の図を参考にして、下の文章の空欄（a）～（d）に当てはまる言葉を入れてみましょう。
　【ヒント】行為・思考・感情・生理反応のどれかが入ります。

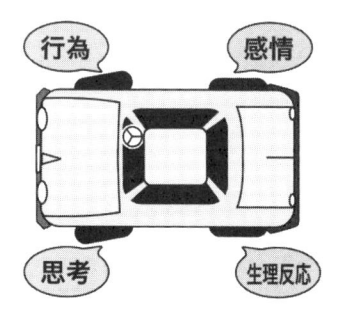

①気分が落ち込むとか、イライラするというのは（a　感情　）です。
②気分が落ちこんでいるときに食欲がなくなったとか、イライラしたらカーッとなって頭に血が上ってしまったというのは（b　生理反応　）です。
③「ゲームをする」とか「チョコレートを食べる」というのは（c　行為　）です。
④「○○だろう」と考えるのは（d　思考　）です。
⑤（a　感情　）と（b　生理反応　）を自分の力ですぐに変えることはかなり難しいことですが、（c　行為　）と（d　思考　）を自分の力で変えることは(a)や(b)を変えるよりも容易です。

(2) 行為・思考・感情・生理反応の面から心のバランスをとるためのヒケツをまとめてみました。空欄に当てはまる言葉を考えましょう。
　【ヒント】行為・思考・感情・生理反応のどれかが入ります。

気分が落ち込んだり、イライラする状態から抜け出すには、（　感情　）や（　生理反応　）は直接変えにくいので、まずは（　行為　）や（　思考　）を変えてみるのがヒケツです。

(3) 自分・相手をキーワードに心のバランスをとるためのヒケツをまとめてみました。空欄に当てはまる言葉を考えましょう。

（　相手　）を変えることは難しいので、心のバランスをとるためには、（　自分　）を変えるほうが効果的です。

4 「幸せ」ってなんだろう？
お互いの「〜したい」を大切に

「先生、疲れた…」「あれ？ Aさん、どうしたの？」「最近、Bちゃんと意見が合わないことが多くて。なんか私ばっかり我慢してるんだよね…」

「このゲーム、やばいよね。あっ、またきた！ ウオー！ え？ うるさい？ だってもう放課後だし、俺ら誰にも迷惑かけてないよ」（「私たちも教室で部活のミーティングしたいんだけど、これじゃできないよね…」「Cくんたち、うるさくて嫌だね…」）

これらはどちらの場面も誰かが我慢しています。「人生には我慢が必要」「私さえ我慢すればうまく収まる」などと言われることもありますが、本当にそうでしょうか？

我慢とは、選択理論で考える基本的欲求のいずれか、もしくは複数の基本的欲求が満たされていない状態と考えられます。この状態が続くと、やがて我慢しきれなくなり、イライラしたり怒ったりするようになります。当然、人間関係はギクシャクし、幸せな状態とは言えません。

幸せになるためには、「適切に自分の欲求を満たす」ことが必要です。そしてその際に、他人の欲求充足にも配慮することが大切です。

「他人の欲求充足を妨げずに、自分の欲求を充足する」ことは、より良い人間関係を築くうえで必要不可欠。これが選択理論における「責任の概念」です。

「人には誰でも幸せになる責任がある」のです。幸せな人は自分の基本的欲求が満たされており、他人とも良好な関係を築くことができます。反対に、基本的欲求が満たされていないと、結果的に他の誰かの基本的欲求を阻害することになってしまいます。

では、「自分にとっての幸せな状況＝基本的欲求が満たされている状況」ということを実際に確かめてみましょう。

基本的欲求を満たすということ

はじめに、実生活で身近に体験した、自分の基本的欲求の充足について考えます。その場面において、自分以外の誰かとかかわっている状況を意識します。

例では「ゲームに夢中になった」という状況が書かれています。自分自身が楽しい時間を過ごすことで、基本的欲求を満たしているようですが、ゲームに没頭して家族の呼びかけに気づかず、「夕食の時間が遅れた」ことで、どうやら家族

の基本的欲求は阻害されてしまっているようです。

　それぞれ身近な他者とのかかわりの中から、そうした事例を探してもらいます。グループ内で内容を交換し合うと、他者の行動から自分の行動を振り返ったり、他者の欲求充足にも思いが至ったりなど、さまざまな気づきを促すこともできるでしょう。

　自分の基本的欲求、他者の基本的欲求という視点が理解できたら、それらを分類します。「◎＝満足（基本的欲求が満たされている）」「×＝不満足（基本的欲求が満たされていない）」を「自分」と「他者」に当てはめてみると、全部で四つのケースがあることがわかります。これらを「ハッピーな状態」「アンハッピーな状態」に分類します。

　特に「自分の欲求を満たしている状態（自分は◎）」がベースになることをしっかり確認し、さらに「相手の欲求充足の状態が悪くない（相手は◎）」がハッピーな状態であること、つまり「×のない状況＝誰も我慢や無理をしない状況」であることを確かめます。

　次に現実にありがちな具体例をそれぞれのケースに当てはめて、理解を深めるとともに、アンハッピーな状態をハッピーな状態にするにはどうしたらよいか、を考えます。相手の×に対しては、自分が我慢しようとしたり、相手の行動を変えようとしたりする意見も出てくると思われますが（例えば事例①で、「返してくれるまで待つ」「返すことを強く迫る」など）、「我慢のしすぎや他人の行動を変えようとすると無理が生じる」ことに気づくことが大切です。

　自分や相手の欲求を確かめながら、自分のとるべき思考・行為を考えてみます。すると具体的な考え方や行為などが出てきます。答えは一つではありません。ちょっとした心遣いや言葉かけが人間関係を左右するということに気づくことも期待できるでしょう。

『自己満足』から『全員満足』へ

　授業の振り返りでは、「自分も他人も欲求充足することが良い人間関係を築き、みんなが幸せになる」ことを再確認します。そしてこの授業で学んだこと、感じたことをこれまでの人間関係に当てはめたうえで、これからどう活かしていけばよいかを考えていきます。

　ベースになるのは「自分の欲求を知り、充足させよう」、そして「相手の欲求を理解しよう」、つまり「自分を知ろう」「他人を知ろう」ということです。本書で取り上げた「欲求のプロフィール」「感じ方って、人それぞれ」「心の宝箱」などの授業がここで活きてきます。また、実際の行動を考えるにあたっては「リフレーミング」「セルフ・コントロール」「7つの身につけたい習慣」などを活かすことができます。この授業は、これまでの学習の総まとめとも言えるものです。

　「より良い人間関係を築き、みんなで幸せになる」。「自分の人生のハンドルは自分で責任を持って握る（セルフ・コントロール）」。これまで紹介してきたアクティブラーニングによる授業が、「思考や行為を選ぶ」ために、少しでも子どもたちのお役に立つことを願っています。

「幸せ」ってなんだろう？

年　　組　　番　名前

1. 最近あなたが誰かとかかわった場面を思い出し、自分、相手のそれぞれの基本的欲求が満たされていれば◎、基本的欲求が満たされていなければ×をつけてみよう。

最近のかかわり	自分	相手
（例）ゲームに夢中になり、家族が夕食に呼んでも気がつかなかった。	◎	×

2. 次のA〜Dのケースは、結果的に、ハッピーな状態かアンハッピーな状態かを考えて、右側のハッピー・アンハッピーと線でつないでみよう。

　　　　　自分　　相手（他者）

◎＝基本的欲求が満たされている
×＝基本的欲求が満たされていない

A　◎ ── ◎　・

B　◎ ── ×　・　　　・ ハッピー

C　× ── ◎　・　　　・ アンハッピー

D　× ── ×　・

3. 右ページにある事例①〜⑥は、上記のA〜Dのケースのどれに当たるかを考えて、記号を書き込もう。

4. 右ページにある事例①〜⑥のうち、アンハッピーな状態のものをハッピーな状態にするための具体的な手立てを考えてみよう。

5. まとめ
   ◇友達、家族、先生との関係など、今日学んだことを、どのように活かせますか。

友達

家族

先生

< 事例 >

No.	事　例	ケース	ハッピーな状態にするための手立て
①	ゲームに熱中しているあなたに、Eさんが「それ貸して」と頼んできました。あなたは気が進まなかったけれど、Eさんにゲームを貸しました。Eさんもそのゲームに夢中になったようで、何度「返して」と言っても返してくれません。		
②	カラオケが好きなあなたは友達のFさんに声をかけて、一緒にカラオケに行き、仲良く歌いました。		
③	あなたとGさんは一緒にカラオケに行きました。あなたは連続して曲を入れ、気持ちよく歌っていました。しかしGさんはなかなか歌えないので、怒って帰ってしまいました。		
④	あなたは修学旅行が楽しみです。ただ、乗り物に酔いやすく、バスの座席は窓側にしてほしいと思っていました。でも、周りの人に気を遣って我慢して通路側に座っていました。すると、体調が悪化してしまい、旅行中ずっと宿で休むことになってしまいました。		
⑤	あなたはダンスが好きです。放課後に、大音量の音楽を流してダンスの練習をしたいと思いました。教室には、まだ他の人がいたので、校舎内では練習せずに、人のいない体育館の脇に行って練習しました。		
⑥	あなたはH先輩と仲良くなりたいと思っていましたが、先輩なので遠慮してしまい、なかなか話しかけられませんでした。すると先輩から「話がはずまないからつまらない」と言われて嫌われてしまいました。		

学習指導案

1. 活動名 「幸せ」ってなんだろう？
2. 教　材　ワークシート「『幸せ』ってなんだろう？」、振り返りシート
3. 本時の目標
    - 他人の欲求充足を妨げ、自分の欲求を充足しようとするとトラブルを起こし、結果的にアンハッピーな状態になりがちであることを理解する。
    - 他人の欲求充足を邪魔せず（できればその充足を支援して）、自分の欲求を充足しようとするとハッピー（幸せ）に過ごせることを理解する。
4. キーワード　基本的欲求、責任の概念、自分の欲求充足、他者の欲求充足、セルフ・コントロール
5. 指導計画

時間	学習活動	主な発問等	指導上の留意点 ☆児童・生徒への個別支援	評価の観点
5分	0．本時の目標・活動についての説明（振り返りシートを使って、本時のねらいを確認）	・身近な人とより良い人間関係を築きつつ、自分らしく生きていくためにはどうしたらよいか、という学びを重ねてきました。 ・それは、基本的欲求が満たされることで実現できますが、はたして自分の基本的欲求だけが、満たされていればよいのでしょうか。	・これまでの学習を振り返り、学んだことを確認できるようにする。 ・必要に応じて、基本的欲求の内容について復習する。	・本時のねらいに関心・意欲を持って取り組もうとしているか
10分	1．他者とかかわった経験を思い出す	・最近経験した、人とのかかわりを思い出してみましょう。 ・そのとき自分の基本的欲求、相手の基本的欲求がどうだったか、考えてみましょう。	・昨日、家族とどんな会話を交わしましたか、友達とはどんなかかわりがありましたかなど、日常生活の中での様子を思い出してもらう。 ☆最近の様子を思い出せるよう、個別に声をかける。	・具体例をあげようとしているか ・自分、他者の状況について考えようとしているか
5分	2．自分と相手の基本的欲求の充足度について考える	・基本的欲求が満たされていれば◎、満たされていなければ×で表します。 ・A～Dのケースは、結果的にハッピーな状態かアンハッピーな状態かを考え、線で結んでみましょう。	・「自分は◎、相手が×のケースでは、このあと、どうなりそうですか」など、その場だけでなく、その後のことにも思いが至るようにする。	・それぞれのケースを理解し、その後の状況をイメージしようとしているか

5分	3．事例①～⑥をケースに当てはめてみる	・ワークシートの6つの事例を読み、それぞれがどのケースに当たるかを考え、記号を書いていきましょう。	・自分と相手の基本的欲求が満たされているかどうかを考えるよう促す。 ☆自分の状況→他人の状況、と順を追って一緒に考える。	・それぞれの事例で、基本的欲求の充足度を考えようとしているか
15分	4．事例①～⑥について、ハッピーな状態になるための具体的な手立てを考えてみる	・それぞれの事例について、どうすればハッピーな状態にできるか、具体的な考え方や行動を考えて記入してみましょう。	・Aのケースはハッピーな状態であることを確認する。 ・B～Dのケースについては、どうすればハッピーな状態になるか、具体的な手立てを考えるようにする。 ☆状況を想像しづらい子どもには、1つの事例について「あなただったらどうしてほしい？」とイメージしてもらう。	・ハッピーな状態にするための具体的な考え方や行動について考えることができたか
		・記入した内容を何人かに発表してもらい、学びを共有する。	・他の人の発表を聞いて、気づいたことをメモしておくといいですね。	・全体で共有することで、授業での気づきや学びを身近な人間関係の中で活かせるよう、声かけをするとよい。 ・グループで共有してもよい。	・他者の考えを積極的に聞こうとしているか
10分	5．まとめ ・今日の学びが実際の人間関係にどう活かせるかを考える。 ・振り返りシートの記入	・友達、家族、先生との関係について、今日学んだことをどのように活かせますか。今までのことを振り返りながら、具体的な考え方や行動を考えてみましょう。 ・今日、このあとさっそくできそうなこともありますね。ぜひ実践してみましょう。	・実行可能な行動について考えてもらう。 ☆取り組みが進まない子どもには、取り組みやすそうな関係について、「しまった」と思った体験と、それを挽回するための具体策の両方を考えるように促す。	・本時の学びを日常生活に活かそうとしているか

第5章　より良く生きる

何かを選ぶということは、何かを手放すということ

先生「学校は楽しい？」
生徒「うん」
先生「授業は楽しいかい？」
生徒「……」
先生「サボっちゃうこともある？」
生徒「ときどき……ね」
先生「君は何か、したいことはある？」
生徒「……特には……」
先生「そうか……。じゃあ、ちょっとうつむいてくれる？」
生徒「？」
先生「うつむいて眼に入るものって何？」
生徒「机の足とか、カーペットとか……」
先生「じゃ、顔を上げると何が見える？」
生徒「先生の顔とか、鏡とか、壁の絵」
先生「まゆげ濃いだろ？」
生徒「うん（笑）」
先生「顔を上げたときのほうが、いろいろと視野が広がるでしょ」
生徒「うん」
先生「授業出るのは顔上げるのと同じで、授業出ないで毎日同じことをしてるのは、うつむいた状態。授業出るのは、顔上げた状態だと思わない？」
生徒「？ そうかなあ、よくわかんない」
先生「授業は、毎回はおもしろくないかもしれないけど、授業出なければゼロ。出れば鏡とか絵とか見えるかもね」
生徒「……そうか」
先生「まあ、授業に出る出ないは、結局は君の選択だとは思うけど」
生徒「……選択？」
先生「うん。ところで、選択といえば、来年の科目選択は考えてるの？」
生徒「何それ？」
先生「２年次になったら、君がどの科目を選択するのか、決めるんだよ」
生徒「え、時間割って決まってないの？」
先生「一部はね、でも人によって違う。自分にとって必要な科目を選ぶわけ」
生徒「どうやって？」
先生「そのために今度、説明会を開く」
生徒「めんどくさそう。先生が決めてよ」
先生「よし、じゃあ数学と英語ばっかの時間割にしようか」
生徒「やだよ、苦手なのばっかじゃん！」
先生「だろ？ でも人まかせにすると、ほんとにそうなっちゃうよ！」
生徒「わかった。で、どうしたらいいの」
先生「まずちゃんと説明会に出て、わからないことは自分で先生に聞くこと」
生徒「うん、わかった」
先生「でも、選ぶのは自分だからね。だから、今からちゃんと授業に出て視野を広げておかないと、あの科目取っておけばよかったって後悔するよ！」
生徒「うん。いや、はい！」
先生「あ、それからもう１つ。あれもこれも取れないからね」
生徒「そうなの？」
先生「何かを選べば、何かが取れなくなることもあるよ」
生徒「ふーん」
先生「でも、自分のことだからね。何かを選ぶってことは、何かを手放すことなんだよ。だから本当にやりたいことは何かを考えないと！」
生徒「それにはまず授業に出てでしょ？」
先生「そう。わかってるじゃない」

第6章

「すこやか」はこうして生まれた

本書で紹介している選択理論をベースとしたアクティブラーニングのプログラムは、神奈川県立相模向陽館高校において「すこやか」（総合的な学習の時間）として実践してきたものです。

この章では、「すこやか」がどのようにして誕生したか、紹介していきます。

神奈川県立高校初の多部制高校
〜学校のミッション〜

平成22年（2010年）4月、神奈川県立高校としては初の昼間二部制による定時制高校として、相模向陽館高校が開校しました。生徒は、午前部・午後部のいずれかに所属し、4年間かけて卒業をめざす単位制の普通科高校です。

開校準備のプロセスで、入学してくるであろう生徒はいったいどういう子どもたちか、みんなで考えていきました。

おそらく、これまでの人生において、家庭や地域、そして残念なことに学校において、選択理論でいうところの「7つの致命的習慣」、すなわち「批判する、責める、文句を言う、ガミガミ言う、脅す、罰する、ほうびで釣る」にさらされた結果、自信を失い、自分を肯定できず、引きこもりがちになったりする一方、他者を信頼できず、反抗したり、攻撃的になったり……という負のスパイラル状態に陥っている子どもたちなのではないか。こうした子どもたちを迎え入れ、意欲をもって学習に取り組み、人と人とのふれあいの中で人間関係を築いていく力を養うにはどうしたらよいか。これまでと同じような対応をすれば、子どもたちは高校生活にも行き詰まり、早晩ドロップアウトしていってしまうのではないか。そ

れでは本校が存在する意味がない。

そこで、私たちが取り組んだことは、選択理論心理学に基づいた学校づくりであり、その基盤としたのは「生徒との確かな関係づくり」でした。選択理論でいう「7つの身につけたい習慣」、すなわち「傾聴する、支援する、励ます、尊敬する、信頼する、受容する、意見の違いについて交渉する」を実践するのです。そのために、困難が想定される生徒対応をイメージし、1期生が入学してくる前の開校準備室の頃から、教員たちは「相談に来た生徒の役と、それに対応する教員の役になってのロールプレイ」の研修を重ねました。

実際、入学してきた1期生は、不登校経験者が半数弱、学力不振、経済的に苦しい生徒、他校を中途退学した生徒など、課題のない生徒は見当たらない、という状況でした。

『すこやか』を創る！
〜育てたい力〜

教員たちは、生徒たちの高校生活を支援するために、その基盤となる確かな関係づくりに取り組みました。「7つの致命的習慣」を使わずに、極力「7つの身につけたい習慣」を前面に出して、生徒とかかわっていこうとしました。しかし、このことで想定外の事態も起こりました。

これまでだったら、頭ごなしに怒鳴ったり、責めたりしてきた対応を改め、受容的に受け止め、生徒たちに寄り添おうとする対応に替えた教員たちに対して、生徒の側にも戸惑いが生じました。一時は、それをいいことに勝手なふるまいを

助長させる生徒や、一方で、そういう生徒たちを厳しく罰してほしいという生徒たちの反応もありました。

生徒たちとの関係性を大切にし、生徒一人一人を理解し、その学びを支援していけるような学校づくりを実現するためには、生徒たち自身にも、この取り組みを理解してもらう必要がある。教員たちが、どういうことをめざしてどういう取り組みをしているかをわかってもらう必要がある。そして、そのためには、生徒たち自身に選択理論を学んでもらうのが一番であり、それは必ず、生徒たち自身のこれからの人生にも役に立つはずだ、と考え、「すこやか」（総合的な学習の時間）の授業開発に向けた準備が始まったのでした。

開校当初の総合的な学習の時間では、ＷＨＯ（世界保健機関）が定めた「ライフスキル」（自己認識、共感性、意思決定、問題解決、効果的コミュニケーション、対人関係、創造的思考、批判的思考、情動への対処、ストレスへの対処）教育に取り組もうとしていました。具体的なプログラムを持っていたわけではありませんでしたが、選択理論に基づいた教育プログラムを開発することで、結果としてライフスキルを獲得することになっていくだろう、という思いがありました。

ＳＳＪ（相模向陽館すこやか準備会）の発足〜ねらいを共有する〜

「すこやか」（総合的な学習の時間）の授業開発にあたり、日本選択理論心理学会および選択理論の普及をめざしているＮＰＯ法人日本リアリティセラピー協会の協力を得ることができました。

当時、選択理論に基づき、強制や批判のない学校として「グラッサー・クオリティ・スクール（ＧＱＳ）」の認定を受けた学校がアメリカなどで実現している中、日本でもこれを実現したいという思いから、日本選択理論心理学会内の組織として「ＧＱＳ研究会」が活動をしていました。相模向陽館高校の教員に、この組織のメンバーを中心とした有志が加わり、ＳＳＪ（相模向陽館すこやか準備会）を立ち上げました。

最初にしたことは、このプロジェクトにかかわる一人一人が何を考えているか、それを結集して、この組織として何をめざしていくか、いわばベクトル合わせを時間をかけて行いました。

「日本初のクオリティ・スクールをつくる意味は」という問いを立てて行ったワールドカフェ*では、次のようなことが挙げられました。

・生徒たちが自分の人生に価値を感じられる場所
・自分の人生の舵は自分で取る
・自分の欲求の満たし方を知る
・信頼と尊敬に基づいた人間関係を築く
・自分の夢や目標の実現

教員とともに、主婦、会社員、学生などさまざまな立場の人々が一緒になって、授業プログラムをつくっていくというのは、画期的なことだったと思います。この取り組みがうまくいった背景には、立場は違っても、「共通にめざすものがある」という確認を丁寧に行いながら進めていった、ということがあったと思います。

人が社会の中で、他者とかかわって生きていくためには、「自分の身のまわりの人との良好な関係性を築く」ことは、とても重要な意味を持ちます。このスキルを獲得することで、生徒たちは自分の人生を豊かなものにすることができるはずです。

また、生徒たちの中には、今の自分の状態を、親が悪いから、先生が悪いから、社会が悪いから…と環境のせいにする生徒が少なからずいました。しかし、環境がどうであっても「自分の人生は自分で選択し、切り拓いていく」、そうしたセルフコントロール力を生徒が身につけてほしいと、私たちは強く願っていました。

このようにして、生徒たちには「すこやか」の授業を通して、この2つの力を身につけてもらいたい、という学習目標・ねらいが定まりました。

これを土台にして、具体的なプログラムづくりに入りました。それぞれが持っている経験やノウハウを持ち寄って、どんなコンテンツをどう配列したらよいかを練りました。

そこでは、どうしても、ここを伝えたい、ここをしっかり教えたいと思ってしまいがちです。しかし、生徒たちは心理学を学びたいと思っているわけではない

> *ワールドカフェ
> 　参加者は複数のテーブルに分かれます。テーブルごとに、机上に模造紙とトーキングオブジェクト（小さなボールなどで、発言する人は、それを手に持って行う）を置き、メモや絵を自由に描きながら、カフェのような雰囲気で話し合いをします。
> 　途中でテーブルのメンバーを入れ替えながら（1人はそのテーブルで話し合われたことを新たなメンバーに伝えるために残る）、そこで出たアイデアが、ちょうど蜂が花を巡り他花受粉するようなイメージで話し合いを進めます。
> 　テーマに対するイメージが短時間で深まり、ゲーム感覚で会話を楽しむことができ、収穫も大きい効果的な手法です。

教員と日本選択理論心理学会員との協働によるプログラムの開発・準備〜授業をデザインする〜

「生徒たちに身につけてほしいもの」という問いに対して、ダイヤモンドランキング*で、絞り込みをした結果、最終的に2つが残りました。
・良好な人間関係をいかに築くか
・自分の人生のハンドルは自分で責任を持って握る〜セルフ・コントロール

> *ダイヤモンドランキング
> 　いくつかの事柄をあげて、それに優先順位をつけていくことで、考えを整理したり、他者と意見交換したりすることで、合意形成を図る手法。

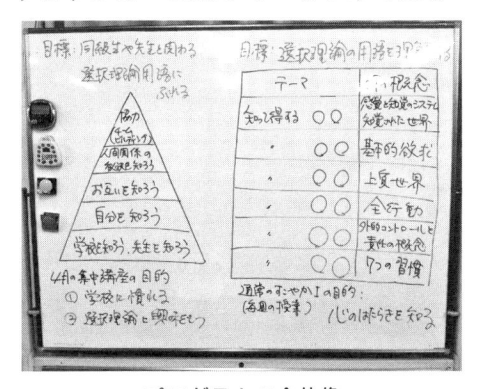

プログラムの全体像

し、「すこやか」の授業は心理学の知識を与えるためのものでもありません。

　生徒たち自身が体験的に感じ取ったことが、日常の生活や、これからの人生の指針になっていってもらいたい、という私たちの願いを実現するためにはどうしたらよいのか。生徒たちが、楽しそうだな、これは役に立ちそうだな、やってみよう、とアクティブに取り組んでもらうためにはどうしたらよいか。生徒の主体的な学びを引き出すために、さまざまな仕掛けも必要です。どうしたら効果的に目標を達成できるか、何度も何度も話し合いを重ねました。

　話し合いには、先ほど紹介したワールドカフェの手法を多く用いました。このやり方は、参加者がもつ潜在的な創造力がうまく引き出され、比較的短時間に、多くのアイデアを得ることができます。教員だけではなく、さまざまな立場の人がかかわることで、斬新なアイデアも飛び出します。最終的に授業を構成していくのは、教員の仕事ですが、こうした過程を経て、授業を創っていく作業は、参加したメンバーそれぞれにとっても、大きな学びと強固な絆をもたらす結果にもつながりました。

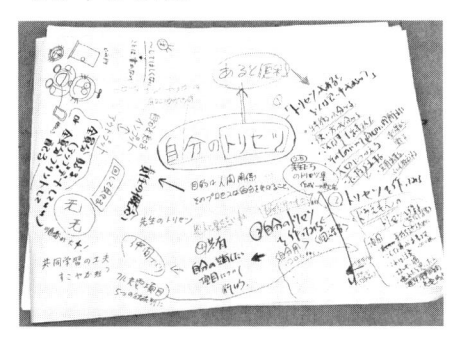

ワールドカフェでの話し合い

　こうして創り上げた授業案を、生徒の前で授業する前に、シミュレーションも行いました。大人たちが先生役、生徒役に分かれて模擬授業を体験することで、課題やそれに対する改善策を出し合いました。それは、2期生を迎える平成23年4月、ぎりぎりまで行われました。

『すこやか』がスタート～生徒たちに現れた変化～

　2期生が入学してくる直前の3月11日、東日本大震災が起こり、東北を中心に甚大な被害がもたらされました。神奈川県座間市にある相模向陽館高校は、直接の被害はありませんでしたが、計画停電や交通機関への影響から、しばらくは通常の授業ができない状態でした。

　それにもかかわらず、このプロジェクトにかかわってくださった日本選択理論心理学会のメンバーをはじめ、多くのボランティアの方々が、「すこやか」の授業に一緒になって参加してくれました。生徒たちも、当初は戸惑いを見せていましたが、しだいに、この「すこやか」という授業のねらいを理解していきました。

　「すこやか」の授業を受けた生徒たちに、少しずつ変化が感じられるようになりました。ここで生徒の声を紹介します。
・他人と話したり、ふれあったりしながら授業が受けられるのは、少しこわかったけど楽しかった。
・みんなで1つのことをやりとげることが、こんなに楽しいと思わなかった。
・「お互いを知ろう」の授業では、お互いがもっと仲良くなれる方法を知ることができてよかったです。
・「感覚・知覚のシステム」の授業は、ブタの絵とイチゴの絵を書いたときに、みんなそれぞれイメージするものが違

っておもしろかった。「リフレーミング」の授業は、すごく関心が持てたし、自分も普段、相手の短所をリフレーミングしてみるようになった。
・「自分を知ろう」が楽しくて、すごい自分のためになったし、クラスのみんなともそのおかげでけっこう話せるようになった。
・「自分を知ろう」で、自分はどんな人間なのかについて知れてよかったと思います。上質世界については、相手の思っていることについて知れてよかったと思います。すこやかの授業を受けて、前よりも友達、クラスの人を理解しようと思いました。
・「リズム＆アンサンブル」で、クラス全員で合わせたとき、リズムがぴったり重なってよかった。

以下は、保護者から寄せられた感想です。

・子どもの表情が明るくなり、よく笑うようになりました。自分から家族とコミュニケーションをとるようになりました。
・周りとのかかわりが上手になってきた感じです。
・中学時代とは違い、感情表現ができるようになり、明るくなりました。

『すこやか』の取り組みがもたらしたもの〜活力ある職場〜

「すこやか」の授業を通して、生徒に変化が見られ、成長を感じるような場面に何度も遭遇するようになりました。それと同時に、私たち教員集団にも変化が表れてきました。みんなで知恵を出し合って授業を創っていくことの楽しさ、やりがいを感じることができたことは大きな収穫でした。

とかく高校の教員は個業に陥りがちです。しかし「すこやか」の授業では、教員だけでなく、学校支援ボランティアの方々との協働を通して、授業プログラムを開発してきました。最初は、どうしたらよいか途方に暮れるような場面でも、みんなで模造紙を囲んで、お互いの創造性を高め合うような時間を共有することで、多くのアイデアが出され、その中から方向性が見えてくる。これは、まさに学びの体験であり、学ぶことの心地よさを教員自らが体験するような場面でもありました。

「授業改善」が叫ばれる昨今、これまで述べてきたような方法で、生徒に身につけてほしい力を意識しながらプログラム開発をするという経験は、それぞれの教員が日常的に行っている国語や数学、理科などの一般教科の授業づくりにも自ずと良い影響を与えてくれました。

単調な一斉授業ではなく、生徒たちの意欲を引き出すアクティブラーニング型授業、そのための工夫をすることを通して、学校全体がしだいに充実した「学び舎」に変わっていきました。

さらに、日々直面するさまざまな課題に対して、教員が一人で抱え込むことなく協働で対応していくことができるという安心感・信頼感が、教員のメンタルヘルスの上にも好影響をもたらしました。

教員集団が、その同僚性・協働性を発揮し、生き生きと活動できる職場の実現は、当然、生徒にも良い影響が波及します。それを確信できる取り組みとなりました。

あとがき

　平成24年（2012年）秋、「すこやか」を含め、相模向陽館高校のそれまでの取り組みを知っていただくために、研究発表会を行いました。17都道府県から、学校関係者、教育行政関係者、「すこやか」を一緒に創りあげてきた日本選択理論心理学会の学会員や学校支援ボランティアの方々など、延べ約300人もの方々においでいただきました。

　そこで、「すこやか」の取り組みを実際に体験したり、生徒の様子を見ていただいたりする中で、このプログラムをぜひ提供してもらえないか、という声をたくさんいただきました。相模向陽館高校の生徒たちを主眼において開発してきたプログラムではありますが、これらはもっと多くの子どもたちにもきっと役に立つものになる、という思いもありましたので、大変うれしく、ありがたいお申し出でした。

　すぐに提供できるものもありましたが、内容を整理する必要のあるものもありました。きちんとした形で世に送り出し、多くの子どもたちのために役立ててほしいという思いが募り、『月刊学校教育相談』での1年間の連載（2014年4月号～2015年3月号）を経て、本書『選択理論でアクティブラーニング─道徳・総合・学活で使える「人間関係づくり」ワークシート＆指導案』の出版となりました。

　相模向陽館高校で、「すこやか」を学んだ生徒の1人が、卒業に際して残してくれた言葉を、ここでご紹介します。

*

　入学してからの私は、何も目標がなく、高校に行きたいという気持ちを持って入学しましたが、実際に始まってみると、その気持ちは薄れていました。しかし、「すこやか」での学びを通して、いろいろなことに気づかされました。

　なかでも一番印象に残っているフレーズは「相手は変えられない。変えられるのは自分だけ」。相手を変えようとして刺激を与えても変えられません。自分から変わっていくことで相手との関係が良くなったりすることです。この言葉を聞いて、これまでの人生を思い返してみると、素直に受け入れることができました。

　3年間の「すこやか」で少しずつ自分が変わっていったと感じます。2年次、3年次になり、欠席が減り、学校に行くことが多くなりました。行事やグループワークで多くの人とかかわる中で、友達がたくさん増えました。いろんな人と話していると、将来自分のやりたいことが少し見えてきました。そのために「休まず学校に行くこと」を目標にし、今日までがんばってきました。

　今思うと、欠席していた日々も私には必要な時間だったと思えます。こんなふうに思えることが成長でもあると感じます。

*

　本書で取り上げた取り組みを、教育現場ではもちろん、多くの教育関係者や保護者の方々に広く知っていただき、活用していただくことができれば、私たち執筆者にとって望外の喜びです。

　相模向陽館高校の生徒だけでなく、すべての学校種の多くの子どもたちが、自分の身近な人たちと良好な人間関係を築き、自分の人生を自分らしく、責任をもって生きていってほしいと願ってやみません。

　　　　　　　　　　　　　小島淳子

参考文献

柿谷正期・井上千代（2011）『選択理論を学校に―クオリティ・スクールの実現に向けて』ほんの森出版

ウイリアム・グラッサー／著、柿谷正期／訳（2001）『あなたの子どもが学校生活で必ず成功する法―なぜ、この学校には落ちこぼれが一人もいないのか？』アチーブメント出版

ウイリアム・グラッサー／著、柿谷正期／訳（2003）『グラッサー博士の選択理論―幸せな人間関係を築くために』アチーブメント出版

ウイリアム・グラッサー／著、柿谷正期・佐藤敬／訳（2002）『ハッピーティーンエイジャー―10代の子どもをもつ家族が奇跡を起こす法』アチーブメント出版

ウイリアム・グラッサー／著、佐野雅子／訳（1977）『落伍者なき学校―〈落ちこぼれ〉は救えるか』サイマル出版会

ウイリアム・グラッサー／著、柿谷正期／訳（1994）『クォリティ・スクール―生徒に人間性を』サイマル出版会

柿谷寿美江（2003）『幸せを育む素敵な人間関係―温かさと思いやりが伝わる人間関係を築くには』クオリティ・コミュニティをめざす会

小林昭文（2015）『アクティブラーニング入門―アクティブラーニングが授業と生徒を変える』産業能率大学出版部

小林昭文（2004）『担任ができるコミュニケーション教育―中高校用プログラムとシナリオ例』ほんの森出版

伊藤昭彦（2014）「リード・マネジメントをベースにした校内体制づくり」『月刊学校教育相談』2014年３月号

ジム・ロイ／著、柿谷正期他／訳（2015）『ウイリアム・グラッサー―選択理論への歩み』アチーブメント出版

執筆者等一覧

監修者

柿谷正期 かきたに　まさき
刊行によせて
日本選択理論心理学会会長
NPO法人日本リアリティセラピー協会理事長
元立正大学心理学部教授

編著者

伊藤昭彦 いとう　あきひこ
はじめに　選択理論とアクティブラーニング　本書を活用していただくにあたって　第1章　コラム
帝京平成大学現代ライフ学部児童学科准教授
神奈川県立相模向陽館高校初代校長

小島淳子 こじま　じゅんこ
やってみよう！　選択理論でアクティブラーニング　第3章2　第6章　あとがき
神奈川県立光陵高校副校長

執筆者

榊原久美子 さかきばら　くみこ
第2章　第5章4
神奈川県立相模向陽館高校総括教諭

瓜生正人 うりゅう　まさと
第3章1
神奈川県立霧が丘高校総括教諭

諸石祐子 もろいし　ゆうこ
第3章3　第4章2
神奈川県立相模向陽館高校教諭

万年美喜子 まんねん　みきこ
第4章1
神奈川県立相模向陽館高校教諭

金崎悠衣 かなざき　ゆい
第4章3　第5章1
神奈川県立相模向陽館高校教諭

井上京子 いのうえ　きょうこ
第4章4　第5章3
神奈川県立上鶴間高校教諭

武田浩司 たけだ　こうじ
第5章2
神奈川県立相模向陽館高校教諭

ワークシート配布サービスをご利用ください

　本書に掲載されているワークシートは、ほんの森出版のホームページからダウンロードしてご利用いただけます。

http://www.honnomori.co.jp/

[ほんの森出版] [検 索]

　ワード・一太郎・PDFの3種類のファイル形式でダウンロードできます。また、本書に部分的にしか収録できなかったワークシートはワークシート全体が、記入例の入っているワークシートは未記入のワークシートがダウンロードできます。
　ぜひ、ワークシート配布サービスをご利用ください。
＊本書のワークシートはコピーしてご利用くださって結構です。
＊ワークシートは本書をお読みの上、ご利用ください。選択理論やアクティブラーニングの理解が、ワークシートの有効な活用につながります。

選択理論でアクティブラーニング
道徳・総合・学活で使える「人間関係づくり」ワークシート＆指導案

2015年9月15日　第1版　発行

　　　　　　　　　　　　　　監　修　柿谷正期
　　　　　　　　　　　　　　編　著　伊藤昭彦・小島淳子
　　　　　　　　　　　　　　発行者　小林敏史
　　　　　　　　　　　　　　発行所　ほんの森出版株式会社
　　　　　　　　　　　　　　〒145-0062　東京都大田区千束 3-16-11
　　　　　　　　　　　　　　Tel 03-5754-3346　Fax 03-5918-8146
　　　　　　　　　　　　　　http://www.honnomori.co.jp

　　　　　　　　　　　　　　印刷・製本所　研友社印刷株式会社

© M.Kakitani, A.Ito, J.Kojima, et al., 2015　Printed in Japan　　ISBN978-4-938874-98-8 C3037